交通与交流系列

蒙藏文化交流史话

A Brief History of
Cultural Exchanges Between
Mongolia and Tibet

丁守璞　杨恩洪 / 著

社会科学文献出版社
SOCIAL SCIENCES ACADEMIC PRESS (CHINA)

图书在版编目（CIP）数据

蒙藏文化交流史话/丁守璞，杨恩洪著.—北京：社会科学文献出版社，2011.7
（中国史话）
ISBN 978-7-5097-2148-3

Ⅰ.①蒙… Ⅱ.①丁… ②杨… Ⅲ.①蒙古族-民族文化-文化交流-藏族-中国-古代 Ⅳ.①K281.2 ②K281.4

中国版本图书馆 CIP 数据核字（2011）第 111406 号

"十二五"国家重点出版规划项目

中国史话·交通与交流系列

蒙藏文化交流史话

著　　者／丁守璞　杨恩洪

出 版 人／谢寿光
总 编 辑／邹东涛
出 版 者／社会科学文献出版社
地　　址／北京市西城区北三环中路甲 29 号院 3 号楼华龙大厦
邮政编码／100029

责任部门／人文科学图书事业部　（010）59367215
电子信箱／renwen@ssap.cn
责任编辑／孙以年
责任校对／高　芬
责任印制／郭　妍　岳阳
总 经 销／社会科学文献出版社发行部
　　　　　（010）59367081　59367089
读者服务／读者服务中心（010）59367028

印　　装／北京画中画印刷有限公司
开　　本／889mm×1194mm　1/32　印张／7
版　　次／2011 年 7 月第 1 版　　字数／130 千字
印　　次／2011 年 7 月第 1 次印刷
书　　号／ISBN 978-7-5097-2148-3
定　　价／15.00 元

本书如有破损、缺页、装订错误，请与本社读者服务中心联系更换
版权所有　翻印必究

《中国史话》
编辑委员会

主　　任　陈奎元

副主任　武　寅

委　　员　（以姓氏笔画为序）

　　　　　卜宪群　王　巍　刘庆柱
　　　　　步　平　张顺洪　张海鹏
　　　　　陈祖武　陈高华　林甘泉
　　　　　耿云志　廖学盛

总　序

中国是一个有着悠久文化历史的古老国度，从传说中的三皇五帝到中华人民共和国的建立，生活在这片土地上的人们从来都没有停止过探寻、创造的脚步。长沙马王堆出土的轻若烟雾、薄如蝉翼的素纱衣向世人昭示着古人在丝绸纺织、制作方面所达到的高度；敦煌莫高窟近五百个洞窟中的两千多尊彩塑雕像和大量的彩绘壁画又向世人显示了古人在雕塑和绘画方面所取得的成绩；还有青铜器、唐三彩、园林建筑、宫殿建筑，以及书法、诗歌、茶道、中医等物质与非物质文化遗产，它们无不向世人展示了中华五千年文化的灿烂与辉煌，展示了中国这一古老国度的魅力与绚烂。这是一份宝贵的遗产，值得我们每一位炎黄子孙珍视。

历史不会永远眷顾任何一个民族或一个国家，当世界进入近代之时，曾经一千多年雄踞世界发展高峰的古老中国，从巅峰跌落。1840年鸦片战争的炮声打破了清帝国"天朝上国"的迷梦，从此中国沦为被列强宰割的羔羊。一个个不平等条约的签订，不仅使中国大量的白银外流，更使中国的领土一步步被列强侵占，国库亏空，民不聊生。东方古国曾经拥有的辉煌，也随着西方列强坚船利炮的轰击而烟消云散，中国一步步堕入了半殖民地的深渊。不甘屈服的中国人民也由此开始了救国救民、富国图强的抗争之路。从洋务运动到维新变法，从太平天国到辛亥革命，从五四运动到中国共产党领导的新民主主义革命，中国人民屡败屡战，终于认识到了"只有社会主义才能救中国，只有社会主义才能发展中国"这一道理。中国共产党领导中国人民推倒三座大山，建立了新中国，从此饱受屈辱与蹂躏的中国人民站起来了。古老的中国焕发出新的生机与活力，摆脱了任人宰割与欺侮的历史，屹立于世界民族之林。每一位中华儿女应当了解中华民族数千年的文明史，也应当牢记鸦片战争以来一百多年民族屈辱的历史。

当我们步入全球化大潮的21世纪，信息技术革命迅猛发展，地区之间的交流壁垒被互联网之类的新兴交流工具所打破，世界的多元性展示在世人面前。世界上任何一个区域都不可避免地存在着两种以上文化的交汇与碰撞，但不可否认的是，近些年来，随着市场经济的大潮，西方文化扑面而来，有些人唯西方为时尚，把民族的传统丢在一边。大批年轻人甚至比西方人还热衷于圣诞节、情人节与洋快餐，对我国各民族的重大节日以及中国历史的基本知识却茫然无知，这是中华民族实现复兴大业中的重大忧患。

中国之所以为中国，中华民族之所以历数千年而不分离，根基就在于五千年来一脉相传的中华文明。如果丢弃了千百年来一脉相承的文化，任凭外来文化随意浸染，很难设想13亿中国人到哪里去寻找民族向心力和凝聚力。在推进社会主义现代化、实现民族复兴的伟大事业中，大力弘扬优秀的中华民族文化和民族精神，弘扬中华文化的爱国主义传统和民族自尊意识，在建设中国特色社会主义的进程中，构建具有中国特色的文化价值体系，光大中华民族的优秀传统文化是一件任重而道远的事业。

当前，我国进入了经济体制深刻变革、社会结构深刻变动、利益格局深刻调整、思想观念深刻变化的新的历史时期。面对新的历史任务和来自各方的新挑战，全党和全国人民都需要学习和把握社会主义核心价值体系，进一步形成全社会共同的理想信念和道德规范，打牢全党全国各族人民团结奋斗的思想道德基础，形成全民族奋发向上的精神力量，这是我们建设社会主义和谐社会的思想保证。中国社会科学院作为国家社会科学研究的机构，有责任为此作出贡献。我们在编写出版《中华文明史话》与《百年中国史话》的基础上，组织院内外各研究领域的专家，融合近年来的最新研究，编辑出版大型历史知识系列丛书——《中国史话》，其目的就在于为广大人民群众尤其是青少年提供一套较为完整、准确地介绍中国历史和传统文化的普及类系列丛书，从而使生活在信息时代的人们尤其是青少年能够了解自己祖先的历史，在东西南北文化的交流中由知己到知彼，善于取人之长补己之短，在中国与世界各国愈来愈深的文化交融中，保持自己的本色与特色，将中华民族自强不息、厚德载物的精神永远发扬下去。

《中国史话》系列丛书首批计200种，每种10万字左右，主要从政治、经济、文化、军事、哲学、艺术、科技、饮食、服饰、交通、建筑等各个方面介绍了从古至今数千年来中华文明发展和变迁的历史。这些历史不仅展现了中华五千年文化的辉煌，展现了先民的智慧与创造精神，而且展现了中国人民的不屈与抗争精神。我们衷心地希望这套普及历史知识的丛书对广大人民群众进一步了解中华民族的优秀文化传统，增强民族自尊心和自豪感发挥应有的作用，鼓舞广大人民群众特别是新一代的劳动者和建设者在建设中国特色社会主义的道路上不断阔步前进，为我们祖国美好的未来贡献更大的力量。

2011年4月

⊙丁守璞

作者小传

丁守璞，1942年生，1966年毕业于中央民族学院语言文学系蒙古语文专业。现为中国社会科学院历史研究所研究员，国际蒙古学家协会（乌兰巴托）会员。国务院颁发政府特殊津贴专家。专门从事中国文化史研究，长于中国少数民族文化之蒙古文化及蒙藏文化关系史研究。著有《历史的足迹——论民族文学与文化》、《蒙藏关系史大系——文化卷》（二人合作）等专著及《文化的选择与重构》、《中国少数民族传统文化与现代化》、《少数民族文化十年（1983~1992）》、《蒙古民歌的文化属性》等论文30余篇，参与编撰《蒙古民歌一千首》（蒙古文版五卷本）及《民间文学词典》等。

⊙杨恩洪

作者小传

杨恩洪，1946年生。1967年毕业于中央民族学院语言文学系藏语文专业。现为中国社会科学院民族文学研究所研究员，中国西藏文化保护协会理事。国务院颁发政府特殊津贴专家。专门从事藏族文学与文化及史诗《格萨尔王传》研究，长于史诗说唱艺人及版本比较研究。著有《中国少数民族史诗〈格萨尔王传〉》《民间诗神——格萨尔艺人研究》、《蒙藏关系史大系——文化卷》（二人合作）、《西藏妇女口述历史》、《人在旅途——藏族史诗〈格萨尔王传〉说唱艺人寻访散记》等专著及《伊斯兰化的小西藏——巴尔蒂斯坦民间文化考察》、《论格萨尔艺人托梦神授的实质及其他》等论文40余篇，参与编纂《中国文学大辞典》、《中华文学通史》等。

目　录

引　言 …………………………………………… 1

一　蒙古族历史文化源流 ……………………… 3
　　1. 蒙古民族的崛起 ………………………… 7
　　2. 成吉思汗兴起，创立蒙古国 …………… 19
　　3. 军事封建制的蒙古汗国 ………………… 33
　　4. 宗教、文化与艺术 ……………………… 42

二　藏族历史文化源流 ………………………… 55
　　1. 关于藏民族的起源 ……………………… 56
　　2. "颈座王"开始的赞普时代 …………… 60
　　3. 赞普春秋 ………………………………… 63
　　4. 宗教、文化与艺术 ……………………… 95

三　蒙藏历史关系与文化交流 ………………… 125
　　1. 战争揭开蒙藏文化交流的序幕 ………… 126
　　2. 忽必烈与八思巴 ………………………… 135
　　3. 俺答汗与三世达赖 ……………………… 142

4. 活佛与寺院 …………………… 146
5. "翁衮"的劫难 ………………… 160
6. 文化的互补 …………………… 164
7. 文化的排斥 …………………… 188

结束语 ………………………………… 194

后　记 ………………………………… 196

参考书目 ……………………………… 198

引 言

蒙藏两个民族,一个分布于中国北方东起科尔沁草原,西及天山脚下的博尔塔拉的草原与戈壁;一个分布于中国西南方喜马拉雅山北麓的雪域青藏高原。原本是地域不接、语言文化隔膜的两处人群,却由于7个多世纪前蒙古族的西去,藏族的东来,一方的军事统帅与另一方的高僧大德聚首于祁连山下,揭开了两个民族历史关系和文化交流的序幕。从此,蒙藏两个民族的命运紧密地联系在一起,历元、明、清三代往来不绝。

由于蒙藏两个民族自东北至西南形成一个政治、军事、经济、文化交流的走廊,横亘于中央之国与中亚、欧洲交往的通衢上,在漫长的岁月里,他们又分别与毗邻的国家和民族间有着不同程度的交往。因此,蒙藏历史文化关系不仅是中国边疆史家关心的重要课题,也是世界蒙古学、藏学界关注的主要课题之一,并因其所具有的文化关系史上的典型意义,近年来开始受到文化史家的关注。无论是中国,还是世界,在蒙古学、藏学界均可谓人才济济、硕果累累。然而,对于一般读者来说，蒙古学、藏学显得深奥而遥远。在他们的印象中，蒙古民族由于它的军队曾横扫亚欧大陆，所向披靡而威名远扬；藏民族则以其雪域高原之上的威严古刹、扑朔迷离的神山神湖而变得神秘莫测。这样的两个民族交往的契合点在哪里？其历史关系及文化交流的状况如何？这大概是他们希望用最短的时间得到的最大、最全面的收获。

这本书的出版就是试着满足读者的这一需要。

一　蒙古族历史文化源流

蒙古民族自古以来就休养生息在中国北方的草原上。其族源一直是国内外学者们关心和研究的重大课题，这里仅将结论性的观点略作介绍。

关于蒙古族的族源大致有六种说法：一是东胡族系的契丹说。这种说法认为，契丹族中曾有一支名蒙兀室韦（又作失韦）或者称之为蒙瓦部的后裔。二是靺鞨说。大概源于《元史新编》之所谓"蒙古之先，实出鞑靼"。鞑靼是靺鞨之别部，约在唐代时有此称谓，与女真同属一系。三是突厥说。《新元史》有"蒙古之先出于突厥，本为忙豁仑，译音之为蒙兀儿，又为蒙古，金人谓之鞑靼，又谓达达儿。蒙古衣尚灰暗，故称黑鞑靼，其本非蒙古而归于蒙古者为白达达，野达达。"四是匈奴说。也就是说蒙古族为汉代北方匈奴除西去一部分外，留在中国北方部分的后裔。此说不仅学界有人力主，而且也是民间不甚了解蒙古族源的汉族等民族人们的一般认识。五是吐蕃说。简而言之是蒙古族系源出于藏族。六是印度说。即蒙古族源于印度，经西藏而到达北方草地。

前四种说法，即蒙古族源于东胡、靺鞨、突厥和匈奴的说法，具有较大影响。这显然出自一种认识，即根据先后统治北方草原的民族，如匈奴、鲜卑、突厥、回纥和契丹等，判定蒙古族族源，认为蒙古族是这些北方曾占统治地位的民族的一个分支，或不同分支的结合。然吐蕃、印度说则是在佛教传入后，基于文化继承脉络而作出的解释，倘若梳理蒙古文化史，作为外来文化融入蒙古文化之一支确无可非议，而作为族源则不足取。蒙古族源于北方，而藏族则源于西南方，均有土著的历史可循，文化的交流与融合并未使两个民族成为一个民族，这既是历史也是现实。当然，这其中也不排除后来（蒙古民族形成并统一大漠南北）成吉思汗灭西夏，部分西夏人融入蒙古族，而西夏人史称唐兀，与藏族有一定的联系，故有人作为蒙古族源来认识。但是，西夏人也并非藏族，只是文化上具有千丝万缕的联系而已。因此，所谓"吐蕃说"（也即藏族说）及印度说是无法成立的。著名的蒙古史籍《蒙古源流》在叙述蒙藏两族历史文化等方面多所建树，却正是在这一点上失之偏颇。

众所周知，世界上举凡一个重要的，或者说是一个大民族，均是由多个古代民族融合而成，一般都是多源的，中国的汉民族就是由众多的古代民族融合而成，而蒙古族、藏族同样也是在漫长的历史时期由多个民族融合而成。在后续部分中我们将写到藏族的多源性，而蒙古族的多源性质在拉施特的《史集》中有这样一段描述："由于（塔塔尔）极其伟大而受尊敬的地位，其他突厥部落尽管种类和名称各不相同，也逐渐以他们的名字著称，全部被称为塔塔尔（鞑靼）。这些各种不同的部落，都认为自己的伟大和尊贵，就在跻身于他们之列，以他们的名字闻名。正如现今，由于成吉思汗及其宗教的兴隆，由于他们是蒙古人，于是各有某种名字和专称的（各种）突厥部落（指慕名而归的一些并非突厥部落），如扎剌亦儿、塔塔尔、斡亦剌惕、汪古惕、客烈亦、乃蛮、唐兀惕等，为了自我吹嘘起见，都自称为蒙古人，尽管在古代他们并不承认这个名字。这样一来，他们现今的后裔以为他们自古以来就同蒙古的名字有关系并被称为'蒙古'，其实并非如此，因为在古代，蒙古人'不过'是全体突厥草原部落中的一个部落。"

汉文史籍中最早出现蒙古族的记载，学术界一般认为是《旧唐书》。《旧唐书》称之为"蒙兀室韦"，为唐朝属下室韦诸部中的一个，活动区域在额尔古纳河流域。这与《史集》中所载的传说，蒙古人自称为"额尔古捏·昆"正好吻合。而"额尔古捏·昆"可以理解是"额尔古捏人"，蒙古语"昆"有汉语"人"的意思。成吉思汗先祖孛儿帖赤带领蒙古部离开额尔古纳河向西，越过腾汲思海（一般认为是今内蒙古呼伦贝尔盟的呼伦湖至鄂嫩河上游的不儿罕山即大肯特山一带）驻牧。至于明确地以"蒙古"一词作为族称，始于1206年帖木真统一蒙古诸部，于斡难河畔称汗，即成吉思汗时起，而汉籍最早是在南宋理宗绍定元年（1228年）李志常（长春真人邱处机之弟子）的《西游记》一书出现的。

关于蒙古族源,除上述史家诸种说法外,在蒙古族中更有古老的神话传说,如《苍狼与白鹿》和《天女的恩惠》等。《苍狼与白鹿》是汉译名,蒙古语音译为《孛儿帖赤那和豁阿马兰勒》。传说的内容是:远古的时候,在深山老林中,有孛儿帖赤那和豁阿马兰勒,他们结合后繁衍了蒙古族。现存世最早的蒙古史籍《蒙古秘史》称这是两个人的名字,孛儿帖赤那是男人,豁阿马兰勒是女人,他们是蒙古族的始祖。后世研究者多数亦认为这只是两个人的名字,并指出,如果真的认为是一只苍狼和一只白鹿繁衍了蒙古族,则有诬蔑之嫌。蒙古族自古至今有以动物称谓命名的习惯,始祖以动物称谓起名也是自然而又平常的事。但是,在人类蒙昧期,或文明伊始,人类有动物图腾崇拜的历史,特别是中国北方突厥民族早期存有的狼图腾崇拜史,对这则神话传说会有一个更合乎古代先民原始观念的解释。如果说一个民族具有"狼"一样的勇猛,而又有"鹿"一般的温驯,是一个刚柔相济的民族,这或许是一个美丽的童稚般的理想,却符合人类童年期认识客观事物的逻辑。

《天女的恩惠》是关于蒙古杜尔伯特部起源的传说:远古的时候,在杜尔伯特人游牧的地方,有一座终年积雪的山和一座清澈的湖。一次,一个青年猎人在山上狩猎时,看到湖中嬉水的天女,顿生羡慕之情,于是用套马用的皮套索向天女们抛去。天女们见有人来,纷纷躲进天上的白云里,可是,有一个天女却被紧紧地套住了。猎人向天女求爱,得到天女允许,他们结成夫妻。但天女必须返回天界,便带着身孕回去了。后来,天女生下一个男孩,又来到湖边把孩子交给猎人后忍痛离去。这个孩子长大后,建立了一番功业,成为杜尔伯特蒙古的祖先。

以上两则民间神话传说,可以认为是蒙古民族自成宗系的说法,与前述六种说法一并构成了蒙古族源说的完整体系。

蒙古民族的崛起

孛儿帖赤那和豁阿马兰勒来到鄂嫩河(又作斡难河)畔、肯特山北麓生子巴塔赤罕。直至成吉思汗的十世主孛端察尔,历巴塔赤罕、塔马察、豁里察儿篾儿干、阿兀站孛罗温勒、撒里合察兀、也客你敦、挦锁赤、合儿出、孛儿只吉歹篾儿干、脱罗豁勒真伯颜、都瓦锁豁儿、朵奔篾儿干即孛端察尔之父,计12代,若自孛儿帖赤那算起为13代,一直默默无闻于北方草原。到了孛端察尔时代,始渐昌盛。这自然是人类社会进步,民族昌盛的历程。但是,在关于这段历史的记载中,诸史籍几乎均归功于孛端察儿是天神之子的缘故。《蒙古秘史》载有一则很有文化学意义的传说:朵奔篾儿干与其妻阿兰豁阿(一作阿伦果斡)生下两个儿子(别勒古讷台、不古讷台)后去世,寡居的阿兰豁阿却无夫而又生了3个儿子。朵奔篾儿干的两个儿子私下里议论母亲,家里没有叔伯亲人,妈妈怎么又生了3个弟弟呢?于是,便怀疑他们的母亲与家奴马阿里黑伯牙兀歹私通而孕。他们与3个弟弟之间亦心存芥蒂。当阿兰豁阿听说后,有一次煮了一锅干羊肉,把兄弟5人找来,吃肉之前,让他们先每人分别折一支箭,儿子们折断后,她又把5支箭捆在一起让他们分别试着折断它们,结果谁也折不断那成束的箭。于是,她把事情挑明了细细地说给他们。原来,另外3个儿子是她感光而生,"每夜,明黄人,缘房之天窗、门额透光以入,抚我腹,其光即浸腹中焉。及其出也,依日、月之隙光,如黄犬之伏行而出焉。"并说明这样生下的孩子,乃天赐之子,具有"天下之主"的福分,只有他君临天下时,一般的百姓才会恍然大悟。

讲清了3个弟弟的来源,这位母亲又回到折箭上来。她说:你们5个人,是同出自我腹中的同胞兄弟。如果是单枪匹马,就像一支箭一样;如果5个人团结一致,就像那一束箭一样,无人能敌了。这就是蒙古族著名的"五箭训子"故事,在此后的许多典籍中屡屡出现,在民间亦广为流传,几为家喻户晓,意在号召民族内部团结奋斗。

而孛端察尔正是感光而生的三子之一。他及其后代的确成就了一番辉煌的事业。然而他本人却经历了无数的磨难。

母亲阿兰豁阿去世后,4个哥哥把牲畜一分而光,欺侮他又愚又笨,什么都没有给他。于是,他骑上一匹背上生疮的秃尾巴灰马沿斡难河而下,生死由命自谋生路去了。后来,在巴勒淳岛搭了个窝棚住了下来。

这期间，他抓了一只雏鹰，靠射杀狼群围困的动物，或是狼吃剩下的食物维持自己和那只鹰的生计。第二年春天鹰长大了，他便用那只鹰捕捉野鸭、大雁为食，竟然捕到了多得吃不完的野鸭和大雁。他把猎物晾晒在枯树枝上，作为干粮。

不久，由都亦连山北面，沿着通格力克河迁来一群百姓，他便每天带着鹰去向他们要些马奶喝，晚上仍回到自己的窝棚里睡觉。双方相安无事。后来，三哥不忽合塔吉为寻找他，来到那群百姓的住地，在百姓的指点下，终于找到了这个过着野人般生活的弟弟，便带着他返回家园。在归途中，孛端察尔一而再，再而三地问他的哥哥："哥哥，人要有头，衣要有领才算正理吧？"而不忽合塔吉初时只当他在说疯话，不予理睬。及至他一遍遍没完没了地问时，才不耐烦地说："你没完没了说什么呢？"这时，孛端察尔说出了他的想法："通格力克河畔住着的那群百姓，不分大小、贵贱，没个首尾，散漫懈怠，是一群好驾驭的百姓，我想把他们都抢过来！"不忽合塔吉听罢也觉得有理。回家后，兄弟几个商量了一下，便以孛端察尔为前锋，一下子把那群百姓抢了回来。于是孛端察尔不仅有了牲畜、属民、奴婢，而且还得到了一个已有身孕的媳妇。这孕妇即是阿当罕，属于兀良孩部扎儿赤兀惕人。后来生下的孩子由于出自扎惕（散漫无序的）百姓，所以取名为扎苔剌歹，也即是后来的扎苔兰氏始祖，传至第五代出了一位蒙古史上的名人——扎木合，始为帖木真的盟友，后为劲敌。

阿当罕后来又为孛端察尔生一子，因系掳来之妇所生，故取名巴阿里歹（意为抓来者），成为巴阿林部之始祖。由于其子赤都忽勒孛阔妻妾成群，因而"生子多如籽"，被称为篾年（多籽）巴阿林氏。

阿兰豁阿诸子分别自成一系，别勒古讷台为别勒古讷惕氏，不古讷台为不古讷惕氏，不忽合塔吉为合塔斤氏，不忽秃撒勒只为撒勒只兀惕氏。而孛端察尔为孛儿只斤氏，也就是后来的"黄金家族"。所谓黄金家族，又作"成吉思汗黄金家族"，也就是皇族。故蒙古汗世系理应由这一族系的第一位被拥立为君的人算起，也就是应该自海都起始，而不是成吉思汗。海都是孛端察尔的第四世孙，即孛端察尔之子巴林失亦剌秃合必赤。巴林失亦剌秃合必赤的儿子是篾年土敦。篾年土敦共有7子，长子合赤曲鲁克生子海都。海都亦即篾年土敦之长孙。

海都幼年时，家族曾遭遇劫难，其祖母那莫伦（《元史》作莫拿伦）是个倔犟泼辣的人，篾年土敦早逝，那莫伦带着7个孩子顶门立户操持家族中的大小事务。有一次，她乘车外出，见到扎剌亦儿部的一群孩子在领地里挖草根充饥，便愤怒地斥责道："这里是我儿子们骑马的地方，你们这群孩子怎么可以挖得乱七八糟。"于是，不由分说地驾车朝孩子们冲去，致使扎剌亦儿部的孩子们伤的伤，死的死。扎剌亦儿部众一怒之下赶走了她的马群。那莫伦在家的6个儿子闻讯后，来不及披挂便骑着马追去。那莫伦让媳妇们带着盔甲去追赶，却没能追上。扎剌亦儿部众杀死了她的6个儿子后,又返回来杀了那莫伦及其家人,抄了她的家。长孙海都因奶妈把他藏在柴火堆里幸免于难。此时,入赘于巴剌忽家的小儿子,海都的七叔纳真(又作纳臣)听到噩耗之后便赶回家中看望,发现这一家族中只剩下老弱病残和侄儿海都了。幸好哥哥的黄膘马挣脱了扎剌亦儿人的套马杆跑了回来。于是,他骑着马去找扎剌亦人报仇。途中设计杀死了攫取兄弟猎鹰的扎剌亦儿父子二人,并在山谷里发现了被劫的马群。他杀死参与抢掠的牧人及其孩童后,架着鹰,驱赶着马群回到自家老营,又把海都和其他幸存者带到巴剌忽地方。待海都稍大以后,纳真率领巴剌忽却谷百姓拥立海都为汗。海都成为蒙古历史上的第一位汗王,也是蒙古称汗的第一人。他称汗后做的第一件事,就是率领部众攻打仇敌扎剌亦儿部。最后,消灭了该部,掠其部众悉数为奴。这一行动产生了强大的威慑力量,致使周围诸部相继归附。海都的成功为后来帖木真的成功奠定了基础。

　　海都之后,经过伯升豁里多申、屯必乃薛禅两代至合不勒汗,蒙古民族逐渐发展壮大,形成民族共同体的雏形。合不勒汗所率忙豁勒(蒙古)部的强大,令女真皇帝刮目相看。据史称,他在朝见女真皇帝金太宗时,曾受到礼遇。但是,在他返回时,女真皇帝又怕他成为后患,派人追他回去,被他断然拒绝,并命手下人杀死了金朝使者,从而与金结怨。此外,合不勒之内弟赛因的斤患病时,曾请塔塔尔部的萨满(珊蛮)巫师看病,结果无效而死。赛因的斤的亲友们又追杀塔塔尔萨满,塔塔尔人发兵复仇,致使合不勒汗的儿子们一起卷入了双方的战事,留下了与塔塔尔的世代仇恨。

合不勒汗虽然有7个儿子,却留下遗嘱传位于他二爷(即海都二子察刺孩领忽)的孙子俺巴孩。这样,他死后,其叔伯兄弟俺巴孩继汗位。俺巴孩在《蒙古秘史》中属于泰亦赤兀惕支系。在以后的历史时期中曾与帖木真家族有过生死搏斗,这是后话。自蒙古始祖孛儿帖赤那下传至俺巴孩汗为第21代,大部分都是长子长孙嗣位。合不勒汗也是海都之长房长孙,他没有传位于自己的长子,也没有传位于自己的次子,反而传位于另一支系的叔伯兄弟。

俺巴孩汗后来在送女出嫁的途中,被居住在捕鱼儿湖与阔涟(今内蒙古呼伦贝尔市之贝尔池、呼伦池)之间的塔塔尔人抓获并献给了金朝皇帝阿拉坦。金朝皇帝挟合不勒汗杀使之仇,把俺巴孩钉于木驴之上杀害。

嗣后,蒙古诸部于斡难河畔豁儿豁纳黑地方聚会,立忽图剌为汗。忽图剌继位后,遵俺巴孩遗嘱,与合答安一起率军征讨塔塔尔人,经过一段时间的激战,未分胜负而罢兵。但是,忽图剌在与金朝的战争中却赢得了胜利,于金熙宗皇统三年(1143年)大败金兵。至此,蒙古诸部与塔塔尔、金朝的矛盾更加尖锐。新仇旧恨之下,金世宗乌禄在位时下"灭丁"令,年复一年地对蒙古用兵,目的是灭绝有战斗力之壮丁。而蒙古诸部自忽图剌汗死后,在内困外扰之下开始趋向分裂，泰亦赤兀惕部等自立门户，其他诸部亦自推首领，形成互不统领的局面。事实上，它标志着蒙古族社会历史进入一个新时代，奴隶制开始解体，封建制开始建立，诸部之首领也即是封建的领主阶级。

这里要特别追述的是帖木真父母的婚姻及帖木真的诞生。俺巴孩遭劫之时，先王合不勒汗的次子（《蒙古秘史》世系表上的第三代，孙子辈）、帖木真的父亲也速该正在斡难河上架鹰狩猎，恰好遇到居于贝加尔湖以南地方的蔑儿乞惕部的也客赤列都由翁吉剌惕部的斡勒忽讷兀惕迎娶新娘归来。也速该发现新娘长得十分美丽，立刻回家找来自家的两个兄弟，3个人虎视眈眈地冲向迎亲的车子。这时，赤列都骑着快马奔向山冈，也速该3人尾追而去。不久赤列都在山上绕了一圈又回到车旁，新娘诃额仑对他说："看那3个人的样子杀气腾腾，你快逃命吧！只要你活着，女人不有的是嘛！再娶个女人可以叫我的名字。只要你活着就会闻到我的气息。"说着脱下自己的衣服。赤列都刚刚拿到衣服，也速该三兄弟已经从山口那边奔了过来，赤列都顺着斡难河落荒而逃。也速该三兄弟追了一阵子没有追上，便回来牵着载着诃额仑的车子踏上了归途。美丽善良的诃额仑凄惨地自语道："赤列都啊，我的丈夫！一个大户人家的娇子，没想到落得个失魂落魄的样子去了，何等的凄惨啊！"说罢悲从心中起，放声大哭起来，那哭声震荡着斡难河水，冲击着山野的林木，在山谷中回响。就这样，也速该把诃额仑抢回家中，娶为妻子。他们就是蒙古史上一代伟人成吉思汗的母亲和父亲。

后来，在忽图剌汗、合答安率兵征讨塔塔尔部的激战中，一次，也速该作为一员骁勇的将领，俘获了塔塔尔的勇士帖木真兀格和豁里不花归来，正巧诃额仑生子，于是便以俘虏帖木真兀格的名字为儿子命名。那是在斡难河畔的迭里温孛勒答合地方，时值1162年。9年以后，当也速该带着帖木真去诃额仑母亲所在的家族为帖木真聘女的时候，途中遇到翁吉剌惕之德薛禅。德薛禅认为帖木真与他的女儿孛儿帖是天造地设的一对。于是父子俩至德薛禅家住下。也速该果然看中了他那眉清目秀的女儿，于是决定聘她为儿媳。依照当时的习俗，帖木真应留住在岳丈家中3年，也速该便留下帖木真独自返回。归途中，走到扯克扯儿的失剌客额列地方塔塔尔人住地时，正值一塔塔尔人宴客。一来饥渴难当，二来照规矩途中遇有宴请之事理当参加庆贺，对主人表示敬意，这样，他来到塔塔尔人中间。不想这位曾与塔塔尔、金人多次征战交恶的大英雄，一下子便被人认出。于是，主人在他食用的酒食中下了毒。当也速该启程后不久，便感到腹中疼痛，强忍到家里，情况已经十分危急。他嘱下人速往德薛禅处召回帖木真，说完便死了。

也速该死后，尼伦部也随之解体。忽图勒死后，蒙古诸部已各自为政。这时，泰亦赤兀惕部等则公开弃诃额仑孤儿寡母于不顾，沿斡难河而去。原由也速该统领的尼伦部属下的百姓也随泰亦赤兀惕部走了，营地里只剩下诃额仑和她的孩子们。

部众散去，诃额仑带着孩子们开始了苦难的历程。诃额仑靠采摘杜梨果、掘草根、挖野菜养活着孩子们。孩子们在这位母亲悉心照料下一个个长大了，而且聪明能干。他们开始替母亲分担家务，经常从河里捕些鱼，在旷野里抓几只鸟来孝敬母亲。诃额仑看到孩子们长大了心中十分欣慰，然而，这时发生了一件大事，令这位母亲异常愤怒。一次，儿子们一起去捕鱼，帖木真庶母所生的别克帖儿（又作伯克特尔）蛮不讲理地强抢帖木真兄弟们抓来的鱼。帖木真回来告诉了诃额仑，反而被训斥了一顿。诃额仑说他们是"影子之外没有朋友，尾巴之外没有鞭子"的人，在这么艰苦的时候，大仇未雪，竟自互相争斗了起来。她以阿兰豁阿"五箭训子"的故事教育他们，希望他们兄弟团结，振兴家族。然而，也许是别克帖儿一贯跋扈令帖木真、合撒儿两兄弟实在咽不下这口气，他们在别克帖儿独自一人放马的时候，前后夹击杀死了别克帖儿。诃额仑闻讯后勃然大怒，说他们虽然是她生的却并不像她，手里握着血块降生（指帖木真娩出时，右手曾握有血块，乃天赐大福大贵之人），却全无大家风范。说他们像疯狗一样，如禽兽一般；像那与自己的影子过不去的海青；似惯于悄无声响偷袭猎物的大鱼；像咬自家驼羔脚的疯骆驼；是风雪中乘人之危的恶狼；是逐不走雏鸟就吃掉它的黄雀……总之，他们是"影子之外没有朋友，尾巴之外没有鞭子"，忘却"国仇家恨"的畜类。这充分表现了这位寄厚望于儿子的母亲此时心中的无限失望与愤懑。而"影子之外没有朋友，尾巴之外没有鞭子"也从此作为一则蒙古谚语流传于世。

也正是在这位母亲的教育下，帖木真成为一个非凡的人物。诃额仑与阿兰豁阿这两位女性在蒙古历史上有口皆碑，成为后世蒙古族人民效法的楷模。

家中的风波易于平息，世上的仇敌却难于回避。据《史集》称，当初抛弃了孤儿寡母的泰亦赤兀惕人，得知诃额仑的儿子们羽毛渐丰时，又返回来不断寻衅。有一次，他们把帖木真抓了去。泰亦赤兀惕人对帖木真倍加凌辱，令其逐营地带枷示众。幸遇锁儿罕失剌（又作梭鲁罕失剌、托尔罕沙喇）及其家人舍命救助才得以逃生。他逆斡难河而行，历千辛万苦才找到母亲和家人。为躲避泰亦赤兀惕人的追杀，举家远徙至不儿罕山前的古连勒古山地区，一家人靠捕食野鼠类维持生计。

远离了一方仇敌，却又临近了另一个世仇。后来，诃额仑一家又遭到了蔑儿乞（蔑干乞惕）人的袭击。这中间，帖木真有两件大事值得一提：

一是因祸得福，失马得友。帖木真一家穷则穷矣，却还是有9匹马供家人乘骑。一天，家中8匹银灰马被盗，帖木真骑着仅有的1匹黄骠马出外寻找。一连走了3天，不见盗马贼的踪影，至第4天却遇到了一位热心助人的翩翩少年，名字斡尔出。字斡尔出告诉他早晨曾见有人赶着8匹银灰马走过，并愿带他同去追赶。两人又走了3天，才在一家院落的外面找到了马。他们不由分说赶着马便走，盗马人紧追不舍，两人与之周旋。一来帖木真带有弓箭,二来天色将晚,盗马人只得作罢。他们一齐来到孛斡尔出家中。为表示对孛斡尔出的谢意,帖木真要把找回的马分一半给他,孛斡尔出则表示帮助朋友怎么能要报酬。于是两个人成了好朋友。孛斡尔出的父亲看到自己的独生子有了一个好朋友,十分高兴,说:"你们两个要互相照顾,日后不可相弃。"果如其言,在以后的日子里两人成了不弃不离的朋友(史称孛斡尔出为帖木真的"伴当"或"那可儿"),孛斡尔出成为帖木真统一蒙古大业中得力的助手,其子嗣亦是成吉思汗后世的左膀右臂、将相御史。

二是帖木真完婚。帖木真与庶母所生的弟弟别勒古台一起前往翁吉剌部看望未婚妻孛儿帖,德薛禅见到久别的帖木真大喜过望,便让他们当即成婚。岳父德薛禅还亲自送帖木真等人至克鲁伦河边,而岳母速坛(又作搠坛)则一直送至帖木真家中。孛儿帖依照习俗送上一件黑貂皮衣给诃额仑作为见面礼。这件黑貂皮衣在以后曾立下汗马功劳,这是后话。

然而,与帖木真之父有夺妻之仇的蔑儿乞人十几年来并没有忘记寻机报复。当访知帖木真一家已移居克鲁伦河源头,部族溃散、家事衰败的消息后,便前来偷袭。结果,帖木真新婚之妻孛儿帖和庶母因没有马匹,在乘牛车逃跑时,被蔑儿乞人掳走。后来,孛儿帖被配给力士赤勒格儿为妻。这赤勒格儿正是诃额仑的前夫赤列都的弟弟。当时,蔑儿乞人曾穷追帖木真至不儿罕山,终因山高林密,搜索了3天毫无结果,或许也因为抢到了帖木真的妻子，总算报了也速该夺妻之仇，便罢兵归去。帖木真绝路逢生，全赖不儿罕山林木遮掩。蔑儿乞人退去后，帖木真曾对天发下誓言，为不忘不儿罕山的救命之恩，日后当时时祭祀，家族子孙也当世世代代祭祀这座神山。

帖木真在不儿罕山获救之后，即与家人商量救回孛儿帖的办法，想来想去，只有求救于势力强大，又是先父也速该结拜兄弟（安答）的克烈部首领王罕。于是，帖木真、合撒儿、别勒古台三兄弟，带着孛儿帖送给诃额仑的黑貂皮衣来到王罕的驻地。王罕听罢情由，收下黑貂皮衣，慨然应允了帖木真兄弟的请求。并且让帖木真兄弟立即前往与王罕早有交情、可能也是结为"安答"的扎木合处，以他的名义请求发兵共同讨伐蔑儿乞。扎木合其人是扎答兰氏部落之第五代，这一部族的始祖系孛端察尔在抢掠通格力克河畔那群扎忉百姓时，掳回的已孕妻子阿当罕后来生下的儿子。这一脉显然与帖木真并无血缘关系，但因孛端察尔与阿当罕的结合，便也算有了亲情关系。扎木合与帖木真童年时代曾居一地，二人交换信物，结成安答。童年的朋友帖木真一行到来，又有王罕的话，扎木合便同意发兵。扎木合无愧为"扎木哈色辰"（色辰，又作薛禅，现代蒙古语多音译为斯钦、斯琴，可汉译为智者），当即出谋划策，王罕亦无异议，双方各发兵两万，由扎木合统一指挥，采用夜间突袭的方法一举击溃蔑儿乞部，救回孛儿帖，并俘获了大批百姓。帖木真的庶母、别勒古台之生母却因儿子们已是王罕之王子（义子），自己另适蔑儿乞人而无颜相见，奔入莽林之中。其结局未见史传，不是自戕，便是隐名埋姓，老死异乡，不得而知。

孛儿帖返回大营后不久，便生下了一个孩子，帖木真为他取名拙赤（汉译为客人）。帖木真因与孛儿帖感情至笃，可谓患难夫妻，所以并无嗔怪之意。孛儿帖不仅相貌姣好，而且聪颖过人。日后，在帖木真适时离开了扎木合自谋发展，以及在除掉野心勃勃的帖下腾格里，免去隐患等重大事件的关键时刻，孛儿帖都表现出超群的智慧，可谓帖木真崛起并成就大业的贤内助。所以，帖木真在称汗后，虽有后宫佳丽无数，宠爱者不在少数，她却仍被定为四宫中第一斡儿朵（宫）的第一人，足见其在帖木真（成吉思汗）心目中的位置。也正因为孛儿帖在成吉思汗成就大业中的贡献，成吉思汗之孙、拖雷之子忽必烈继位之后曾于至元二年（1265年），追谥她为光献翼圣皇后。

与王罕、扎木合联合征讨蔑儿乞部并取得成功，是帖木真摆脱困境，初露锋芒，开始登上历史舞台的标志。

成吉思汗兴起，创立蒙古国

蔑儿乞之役获胜后，帖木真与扎木合曾第二次结成安答。然而，一年半之后，这对自小到大两次结为安答的人，却正式分手了，而且反目成仇。《蒙古秘史》上说，此事缘起于扎木合的一席话。对此，中外蒙古史家有着多种见仁见智的解释,特依《秘史》录下,供读者揣摩。

在一次移营时,两个人同坐在一个车里,扎木合对帖木真说:"帖木真安答!安答,其傍山而营之!使牧马者至我行帐乎!其临涧而营之!使牧羊牧羔者至我咽喉乎!"帖木真不解其意,去问母亲诃额仑和孛儿帖。孛儿帖便依据自己的理解说:朝三暮四的扎木合恐怕有加害咱们的意思,故此地不可久留。帖木真同意这种看法,所以,当即便决定帖木真家族不辞而别。这样,这对安答便至此分手了。

其实,他们的分手势在必然,所谓"两强无法并存",一座庙里无法供奉两个菩萨。扎木合当时是两个最强的蒙古部落之一(另一是王罕),自然有称霸的欲望,而帖木真亦非等闲之辈,不可能长久安于扎木合之下。虽然帖木真一家趁夜不辞而别,却有众多部落随往,甚至有弃扎木合而来的扎木合旧部跟随而去的说法。这除扎木合没有善待属下的原因外,恐怕帖木真并不像《秘史》所言,真的是"不辞而别",而应该看做是政治势力之间,水到渠成的分道扬镳。否则帖木真也不是帖木真,而且也不会成为成吉思汗了。

帖木真一家出走,先后有数十个部落相继而去,其中辅佐成吉思汗成就大业的10员大将中的6员已经集合于他的麾下:两个弟弟合撒儿和别勒古台;"四杰"之一的孛斡尔出;"三獒"("獒"即指原产藏地的牧羊犬,体大、凶猛、强健)——者勒蔑、忽必来和速不台。从而为帖木真独立称汗备好了人才队伍。有了将才,有了百姓,只待一个合适时机的到来。

机会终于来了。中外许多为王、称帝者总要在自己登上宝座之前,寻找借口,制造舆论,然后似乎名正言顺地登场,而顺乎天意大概是绝大多数人的最好托辞。帖木真也不例外地运用了这一手法。蒙古诸部自古以来存有自然崇拜、灵魂崇拜(万物有灵)的原始信仰,也即转译自满语的"萨满",蒙古族称之为"博","萨满"教只是对北亚民族上述信仰的泛称,蒙古族并无此称谓。信奉的最高神祇是"腾格里"(天),或者"孟克腾格里"即"永生之天"或"长生天"。人们是依靠介乎人与神之间的"博"与天沟通的。这里的"博"指的是巫师。因此,"博"具有极大的影响力,他们的话就是天神的旨意。帖木真身边果然有了传达天神旨意的人,他就是巴阿邻氏部落的豁儿赤。说来巴阿邻氏始祖巴阿里歹与扎木合始祖扎荅剌歹还是同母异父的兄弟。读者可能还记得,孛端察尔掳来扎惕百姓一孕妇(阿当罕)为妻,阿当罕先生下扎答剌歹,后与孛端察尔生子巴阿里歹。正因为这两个氏族的人存有这层关系(同母异父),所以,巴阿邻氏一直跟着扎木合。帖木真与扎木合分手后,豁儿赤即率族人投奔了帖木真。这样的出身使豁儿赤的话更令人信服。豁儿赤是这样制造舆论的,他对帖木真说:"我和扎木合本是一母所生的异族兄弟,本不该离开他。只因为得到神谕,让我看到了一条黄色的乳牛转圈追着扎木合,用牛角撞坏了他的帐车,又去撞扎木合,一只角折断了,另一只角撞歪了,狂怒的乳牛,一面用蹄刨着土,一面吼着:'还我角来!'。又见一只秃角犍牛挽曳着一个大帐车的下辕,尾随着帖木真,沿着车辙,边吼边奔了过来。这是天神地祇让帖木真做国王的意思,特地让犍牛把国王拉了来呀!这是神让我看了以后来告诉你。"接着他又提了条件:"帖木真你真的成为国王以后,怎么报答我呢?"帖木真说:"如果我真的做了国王,就封你做万户吧!"豁儿赤却不以为然地说:"咦!我说了这些重要的事,只封个万户,有什么好的!等我做了万户之后,国内漂亮的女子要任由我挑选30个做妻子;另外,以后凡是我说的话,你都要听从才是。"帖木真答应了下来。帖木真成为蒙古大汗以后,果然封他做了万户,让他去挑选30个美女为妻。

另外,当时有一个"博",名叫帖卜腾格里(天使),系蒙力克的第四子。由于他卜术精湛,所以在百姓中影响很大。帖木真即汗位之前,他曾说过:"曾闻天语,将畀帖木真以天下,称号成吉思。"但是,帖木真却对他怀有戒心,虽有赏赐,最终还是把他除掉了,这是后话。

舆论准备就绪,帖木真又分别在亲族长者苔里台斡惕赤斤(叔)、阿勒坛(从叔)和兄辈忽察儿别乞(堂兄,捏坤之子)、薛扯别克(堂兄,忽突黑秃主儿乞之子)那里谦让一番,这几位实力派均表示帖木真应该听取天命,顺乎民情即汗位,并宣誓效忠。这样,帖木真于1189年即汗位,号成吉思。帖木真即汗位的时间、年龄,诸史或阙如,或说法不一,这里仅遵一般说法;而"成吉思"之称号,是这时所上,抑或1206年即大汗位时所上,各史也不尽相同,这里仅从《秘史》,作如是说。一般史家多认为系1206年即大汗位时始有"成吉思"称号。

关于"成吉思"的含义,《秘史》没有交代;《蒙古源流》说是模拟一种祥瑞鸟鸣之声而来,意为天赐;《史集》认为"成"意为刚强,"吉思"意为多数,"成吉思汗"意为众汗之汗;《蒙鞑备录》也认为是天赐之意;《世界征服者史》即根据前述之传说,帖卜腾格里传天神之命,号"成吉思",虽然没有解释其含义,仍认为是天神所赐的意思;《译文证補》集国外诸说,认为"成"为大,而"吉思"是最大即大中之大,所以仍有众汗之汗,或者天子的意思;伯希和认为"成吉思"源于突厥语"腾吉思",即大海,所以成吉思汗有"海内皇帝"的内涵。总括起来,"成吉思"有天、大、全、至高无上的意思。

群雄争霸,顺乎历史潮流者得天下。成吉思汗即汗位后,便派人向义父王罕和他的安答通报此事。

王罕与扎木合态度截然相左。王罕听罢来使的陈述,欣然同意,认为:蒙古不可一日无汗,立帖木真即汗位很好。扎木合听罢却怒火中烧,特别对拥立者中原为他属下的阿勒坛和忽察儿不满,说他们别有用心地离间他与帖木真的安答关系,是"戳安荅之腰"

（《秘史》）。又说：我们（指他与帖木真）在一起时，你们为什么不立帖木真为汗，现在却立他为汗，是何居心？你们转告阿勒坛、忽察儿，请他们好好地履行誓言吧！让我的安答放心，你们也好生侍候吧！根据扎木合后来的举动，他最后的这两句话应该是弦外有音的。

不巧的是，正在这时，扎木合的弟弟因抢掳了帖木真部属拙赤苔儿剌的马群被射杀，遂引发了著名的"十三翼之战"。扎木合集合其十三部的3万人马来攻打成吉思汗。此事被成吉思汗妹夫不秃（不图、孛徒）以及那时为泰亦赤兀惕部属下的父亲得知，告诉了来自不秃那里的来访者，后者立即报告了成吉思汗。成吉思汗马上部署了十三翼的兵力与扎木合决战。这场战争实际上是蒙古族内部为争夺霸主地位而进行的一场战争。结果是成吉思汗败绩，遁入斡难河以南的哲列涅山中，据险而守。扎木合见他跑进山里，便班师回归，途经赤那思时，为报赤那思部归顺成吉思汗之仇，灭赤那思，并把赤那思部之首领及子嗣等杀死，放在70口大锅中烹煮，还把战争中被俘的成吉思汗第十三翼之指挥察合安的头砍下来，拖在马后示众。扎木合的横暴令摇摆于他和成吉思汗间的一些部落又一次进行了重新组合。扎木合虽然打了胜仗，却又失去了一部分百姓，而成吉思汗虽然打败了，却有两个最善战的部落前来投奔，即兀鲁兀惕氏的主儿扯歹（术赤台）、忙忽惕氏的忽亦勒苔儿（畏苔儿）。他们在此后均进入成吉思汗属下"十大功臣"之列，为最后统一蒙古立下了汗马功劳，忽亦勒荅儿还献出了生命。这次归附的还有蒙力克及其7个儿子。蒙力克即是在也速该临终时在身边的家臣，他忠实地执行了也速该的遗嘱，接回了帖木真，并一直辅佐孤儿寡母。不知为什么，他一度投奔了扎木合，这次又重新归来。这以后，他与诃额仑结婚，成为成吉思汗的继父，所以成吉思汗称之为蒙力克额赤格（蒙力克父亲），并给予了最高的礼遇。

这批人的到来无疑令成吉思汗十分兴奋，于是，特在斡难河畔的树林中设宴表示欢迎。然而，主儿勤（也速该之堂兄弟、合不勒汗长子）家薛扯别克（成吉思汗本家兄弟）的母亲，嫌侍者献马奶酒时怠慢了她，一怒之下打了侍者几记耳光。侍者向成吉思汗哭诉，说："只因也速该死了，我部下人才遭人毒打！"成吉思汗和诃额仑心中虽然十分不满，却未动声色。

然而，一波未平，一波又起。在树林外边，成吉思汗的异母弟别勒古台与从叔不里孛阔，分别看守着汗家及主儿勤家的马匹。别勒古台抓住一盗马的合答斤氏族的人，不里孛阔不仅不帮助别勒古台，反而为盗马人张目，二人发生口角，不里孛阔竟用刀砍破了别勒古台肩膀。后来成吉思汗见别勒古台肩上有血，问他是怎么回事，别勒古台却息事宁人地说："受了点伤，并不重，不要为了这点事伤了兄弟间的和气。"成吉思汗听罢大怒，他折了根树枝，又操起捣奶桶的木杆，与主儿勤人打了起来。主儿勤人败了，他便命令手下把刚刚找碴寻衅的薛扯别克的母亲等抓了起来。

25

后来因阿拉坛来报告，金人遣使相约共讨塔塔儿事，主儿勤人再三求和才放了薛扯别克的母亲，但从此成吉思汗与主儿勤人间心生间隙。

塔塔儿人是蒙古的世仇，如前所述俺巴孩和也速该都是死于主因塔塔儿人之手。所以，听到塔塔儿人叛金，金相邀请共讨时，成吉思汗立即与克烈部王罕联络，共同出兵，与金兵前后夹击，一举打败主因塔塔儿，杀其首领薛兀勒图，同时缴获了银制的摇车和镶满大珠的缎子被。

在成吉思汗对塔塔儿用兵时，曾令主儿勤人出兵，可是他们不仅未发一兵一卒，反而骚扰成吉思汗的后方老营，杀死十数人，剥去了50多人的衣服。成吉思汗闻报后愤恨至极，立即进攻主儿勤。薛扯别克和他的弟弟台出（泰出）兵败后带着眷属逃走，被追兵捕获，后被成吉思汗处死。主儿勤部遂被拆散，分别归于其他各部，合不勒汗长房一部至此消失。

灭了主儿勤，回过头来，成吉思汗便对付家族内的另一个祸害——不里孛阔。不里孛阔顾名思义是个大力士，孛阔在蒙古语里有"力士"、"摔跤手"的意思。他依仗自己力大无比专门欺侮弱小。又系皇族，为合不勒汗三子忽突黑秃之子，属于成吉思汗的叔伯辈，一向看不起二房（即也速该）的人，所以，与长房主儿勤人走得很近，故有砍伤别勒古台的事发生。为除掉此人，有一天，成吉思汗让别勒古台与不里孛阔摔跤。别勒古台本不是不里孛阔的对手，但是，不里孛阔故意摔倒，被别勒古台压在下边。这时成吉思汗咬着下嘴唇作出发狠状，示意别勒古台下手。于是，别勒古台把不里孛阔的腰扭断。《秘史》中写道，不里孛阔临死前曾说："我本非败于别勒古台者，唯畏合罕，佯倒跨踏，致丧我命矣。"

这里需要提及的是，在拆散主儿勤人的战斗中，成吉思汗又在营盘里捡到一个孤儿名孛罗忽勒，由诃额仑母亲收养，这是她收养的第四个孩子，也是见之史载的最后一个，此前3个分别是在帖木真讨伐蔑儿乞人时捡来的忽古出，在泰亦赤兀惕地方捡到的阔阔出和在塔塔儿地方捡来的失吉忽秃忽。诃额仑待他们如自己亲生的儿子，成吉思汗亦视为亲兄弟一般，他们也曾先后直接或间接地为统一蒙古的事业作出了贡献。特别是失吉忽秃忽，后来成为权力很大的大断事官，并为成吉思汗编纂成功一部大法典。

另外，在灭主儿勤之后，扎剌亦儿部的帖列格秃伯颜让他的3个儿子带着5个孙子投奔了成吉思汗，其中长子古温兀阿和长孙木华黎（木合黎、木合里、木诃里）可谓功勋卓著。古温兀阿在协助成吉思汗征服乃蛮部时，为掩护成吉思汗而战死。其子木华黎则是蒙古史上赫赫有名的人物，是个有勇有谋，赤胆忠心的成吉思汗"四杰"之一。自归顺成吉思汗后，一直追随左右，讨伐王罕、灭乃蛮及至伐金均战功卓著。成吉思汗亦对他信任、推崇、重用有加。据《元史》称：当木华黎接受伐金使命后，"是年（1217年）秋八月，诏拜木华黎为天下兵马大元帅、都行省、太师、国王。承制得专封拜。初，木华黎在金境，金人呼之为国王，成吉思汗闻之曰，此佳兆也，遂封木华黎为国王，佩黄金印，赐誓券曰：'子孙传国，世世不绝。'又赐大驾所建九斿大旗。成吉思汗复亲谕诸将说：'木华黎建此旗以出，如朕亲临。'"足见木华黎地位之高，成吉思汗对他器重的程度了。

成吉思汗（帖木真）历尽挫折，最终完成统一蒙古大业的重要因素，是他能够跳出氏族部落的狭小天地，冲破传统观念，广罗天下贤能，不拘一格降人才的结果。成吉思汗在统一蒙古的过程中，曾任用了一大批各氏族部落、各阶层的志士仁人。其中许多不仅非贵族血统，而且还曾经是他的敌人，但只要能够忠于他，有利于大业的发展，他都一律收入自己的麾下，平等相待，从带兵的将帅到一文不名的孤儿，均视为兄弟。也正因为如此，即使是在他处于劣势，受到挫折之时，仍然不断有许多氏族部落前来归服，献子为仆、献女为妃者不乏其人。这仅从他手下 10 名重臣的出身等情况便可见一斑。

史家将 10 名重臣归纳为所谓"四杰"或称为"四骏"，"四獒"或"四狗"，以及"二将"。"四杰"之首是木华黎，属扎剌亦儿氏，不属蒙古诸系；二是孛斡尔出，出身阿鲁剌氏，虽系本族（海都三子之后），但开始时只是作为他的伴当；三是孛罗兀勒，许兀慎氏，属主儿勤氏，系收养的孤儿；四是赤老温，速勒都孙氏，原系泰亦赤兀惕部。"四獒"：者勒蔑，扎儿赤兀惕兀良哈氏，非本族系，成吉思汗（帖木真）的第一个仆人；忽必来，巴鲁喇思氏，系本族系；哲别，别速惕氏，世仇泰亦赤兀惕之骁将；速不台，与者勒蔑同族，亦非本族系。"二将"：主儿扯歹（术赤台），兀鲁兀惕氏，本族系；忽亦勒荅儿，忙忽惕氏，虽系本族系（纳臣之后），却一直到十三翼之战后才归顺。这里所说的本族系，指的是孛儿只斤氏集团的直系子孙。

至于成吉思汗"敬老抚幼"，奉蒙力克为至尊之位（议事时坐上首右位）的"顾问"，兀孙为朝中元老，直言不讳的3个"言官"忽难、阔阔搠思、迭该为王子的老师"王傅"，以及前述陆续收养的孤儿，等等，这些无疑都是得人心的举措。

成吉思汗作为一个贵族阶级的代表人物，有其阶级的烙印，如残酷对待敢于反对他的人，对敌人采取的是杀其首领、掠其妻女及百姓和财物，等等，但是，他毕竟与他那个时代的许多奴隶主如扎木合等人有较大的差别。他的变化，也可以说是一种进步，带有封建色彩的进步，曾为许多奴隶主阶级所不容。由于成吉思汗顺应了历史发展的潮流，才成为统一蒙古民族的伟大人物。

因此，尽管1201年翁吉剌、亦乞列思、豁罗剌思、塔塔儿、合塔斤、撒勒只兀等部于犍河立扎木合为可儿汗，希图与成吉思汗抗衡，却于帖尼河一战而宣告失败。另一次代表奴隶主贵族势力的反扑是在1202年由北乃蛮的不亦鲁黑汗召集的蔑儿乞、泰亦赤兀惕、合塔斤、朵儿也斡亦剌和塔塔儿的联军，于阔亦田地方与成吉思汗和王罕的军队作最后一次决战，结果惨败。扎木合本系北乃蛮联军的后队,当他来到时联军已经败下阵来,他不战而退,最后投降王罕。经过在阔亦田和帖尼河的较量,反对派再也无力联合与成吉思汗抗衡,遂无大的军事行动。

成吉思汗统一蒙古之前,最后解决的是王罕的克烈部和太阳汗的乃蛮部(南乃蛮)。在1202年击溃北乃蛮联军之后,成吉思汗虽然已经成了蒙古最具实力的首领,但为了维持并增进与王罕集团的关系,曾提议双方结亲,即请以王罕之女察兀儿别乞与自己的长子拙赤(孛儿帖所生蔑儿乞人之子)、自己的长女豁真与王罕之长孙秃撒合(桑昆之子)成亲。却不料遭到桑昆的拒绝,他认为自己的妹妹嫁过去将"站在门后向北立",即处于卑微的下人地位,因为拙赤非成吉思汗亲生儿子;而成吉思汗的女儿到了他这里却是个"正面向南坐"的人物,即尊贵的上宾。桑昆在这里用蒙古包中代表尊卑上下的位置,形象地表达了他反对结亲的理由,事实上,仍是不服成吉思汗,所以,这次提婚没有结果。然而,第二年即1203年春天,桑昆图谋除去成吉思汗,却又重提这桩"换亲",想诱使成吉思汗前来议亲,趁机杀死他。成吉思汗本欲前往,蒙力克却识破了这一阴谋,假托"春天马瘦,容以后再议",婉言谢绝。

王罕父子图谋不成,索性发兵袭击成吉思汗。此前,成吉思汗虽然得到从叔也客扯连的密报,有了准备,但毕竟兵力只有3000人,两军一经接触即失利,幸有前述两个骁勇善战之部——兀鲁兀惕与忙忽惕人奋力拼杀才击退敌人，兀鲁兀惕部首领主儿扯歹在战斗中箭伤桑昆，大挫王罕军锐气，于是双方罢战。王罕父子回到自家营地，成吉思汗也率余下将士东至哈勒哈河，并沿河行至捕鱼儿海子，不战而降服翁吉剌人。《秘史》说，这时成吉思汗手下只有2600人。他一面派人赴王罕、扎木合处历数二人背信弃义的行径，警告因攻打塔塔儿时私分掠得财物而遭处罚、叛归王罕的阿拉坛等。因为他们的挑拨致使成吉思汗与王罕失和。双方反目，阿拉坛等确实起了作用，但是，根本的原因仍是争夺霸主地位。另一方面，成吉思汗则安抚属下，感激这些患难与共、誓死相随的将领，于巴泐渚纳河边，朝天发下同生死、共患难的誓言，结"巴泐渚纳之盟"。此时，王罕处，扎木合与阿拉坛又企图除去王罕父子，被王罕父子发觉，二人只好逃离王罕营地，去投奔太阳汗。而当初与阿拉坛一起投奔王罕的成吉思汗的从叔等人则又回到成吉思汗处。

1203年秋天，经过一段休整后的成吉思汗，发起了对王罕父子的最后战斗。这次采用诈降的方式，由合撒儿利用汗山之役中妻子及家人被王罕掠走的契机，派人假称他想与妻子团圆，愿捐弃前嫌，归顺王罕，从而稳住王罕。王罕不知有诈，便派人与合撒儿见面。成吉思汗则趁机调兵遣将，包围王罕行营。王罕父子仓皇出逃，王罕逃到乃蛮地方，被乃蛮人杀死。桑昆则先至西夏，遭西夏驱逐，后逃到西域，为龟兹王执杀。至此，王罕之克烈部尽属成吉思汗。

此后，成吉思汗于1204年春出兵乃蛮（南部乃蛮），大约于当年秋天正式与乃蛮军决战，最后擒太阳汗，掠其妻子古尔别速。太阳汗因伤重而死，成吉思汗纳古尔别速。古尔别速备受宠幸，后被排在后宫四宫中第一宫之第二位，仅次于孛儿帖原配。

扎木合在王罕兵败后逃至乃蛮，当乃蛮太阳汗被擒后，随扎木合投乃蛮的部众皆归顺于成吉思汗。扎木合最后只带着5名伴当在山野中游弋。扎木合禀性难移，直到此时仍没有改变其蛮横的作风，不能善待下属。一次，那5个伴当抓了一只羱羊（大青羊），烧烤而食。这本是落荒而逃者顺理成章的事，扎木合却横加指责，非要人们供出杀死羱羊的人。那5个伴当本已对落魄的扎木合心存怨恨，索性把扎木合捆绑起来送到了成吉思汗处。成吉思汗以悍仆欺主的罪名先杀了那5个伴当，尔后让人规劝扎木合投降。说成吉思汗心里不想杀扎木合是假的，扎木合虽然与他先后两次结成安答，可始终是冤家对头，扎木合反反复复，是成吉思汗最大的对手，也是最强的对手。同时，扎木合又是他的安答，尽人皆知，按蒙古族的观念与道德准则，犯上弑主可杀，背信弃义者、伤害朋友的人也会遭到人们的鄙夷。对于扎木合其人，蒙古部的人们应该是清楚的，但成吉思汗争取的是仁至义尽的口碑，扎木合反正已是阶下囚，于是乐得送顺水人情，采用了劝降手法。扎木合已是无颜面世的角色，这时只求速死，提出只求个"不流血"的死法。于是，成吉思汗让他自缢而死，也有的人说是被装入口袋后勒死。扎木合死后得到厚葬的礼遇。

太阳汗之南部乃蛮地方亦归入蒙古版图,至此统一的漠北草原,迎来了蒙古民族的庄严时刻。

1206年春,成吉思汗于斡难河源头,召集蒙古全体部族首领大会,竖起九斿白旗,祭告上天,即帝位。这"九斿白旗",应该算是蓝天上升起的第一面蒙古国旗了,它实际上是一面战旗。"九斿"即是有九个旗舌,据说在白色旗子周围缝有九个旗舌,颇似京戏中城墙上飘着的那种旗子。之所以用白色的旗子,与蒙古族尚白的习惯有关,白在蒙古语中有"查干"(白色),又有"阿隆"(纯洁)的含义。

倘若蒙古立国后,成吉思汗只经营其漠北,或进而漠南、中原,蒙古也就不是今日世界人们心中的蒙古了。只因为成吉思汗不仅统一了漠北、漠南,而且向西挺进横扫亚欧大陆,而后其子嗣转而灭宋征服中原,又控制吐蕃、南诏,建立版图最大的元朝帝国。这样,它就在世界史上涂了重重的一笔。

军事封建制的蒙古汗国

1206年,成吉思汗建立起东起兴安岭,西至阿尔泰山,南及金朝,北迄贝加尔湖的草原汗国,结束了散漫的氏族部落时代。一个统一的国家,建立相应的制度与法规势在必行,汗国选择了"领主分封"制。

领主分封制 成吉思汗首先把一直跟随他起家的,或是在诸次征战中有功的部落予以完善和加强,而把那些敌对的,或是若即若离的部落或拆散、或削弱。

最后编定95个千户，千户之上有5个万户。5个万户是：孛斡尔出、木华黎、纳牙阿、拙赤和豁儿赤（又说为4个万户，无拙赤）。千户以下又有百户、十户等，分别设万户长、千户长、百户长和十户长。其中万户长和千户长系由成吉思汗亲自任命，以后也均由大汗钦定。他们不仅有固定的百姓，而且有固定的封地，事实上，他们就是一个个的封建领主。所谓户并非指一家一户，而是可服兵役的壮丁数，如千户长，他手下并不一定有一千户人家，而是指能征集到千人的兵力。据《元史》载："其法，家有男子，十五以上，七十以下，无众寡，尽佥为兵，十人为一牌，设牌头，上马则备战斗，下马则屯聚牧养。"说的即是军政合一的制度。它既是一种生产组织，又是行政和军事组织。一经实行，漠北草原上许多散居的百姓也都被聚拢起来，成为汗国有户籍、有领主的百姓了。应该说，这是一种因地制宜、具有鲜明草原民族特色的制度。

在分封领主时，最大的领主是宗亲，如成吉思汗的母亲、弟妹和儿子们，以下则是异姓领主，他们按功受赏，得到自己的一份政治、经济和军事权力。但是，大权则集中于成吉思汗手中，他是至高无上的统治者。

万人护卫军的组建 护卫（《秘史》），又作"怯薛"（《元史》）。护卫军也就是御林军。他们既是大汗安全的保证力量，又是大汗意志得以实现的一支精锐之师。护卫军从千户和百户内挑选，一般为各级官家子弟（千户、百户与十户之子），至少也是"白身人"（相对于牧奴）的子弟，相当于自由民。他们还必须"技艺好、相貌好"。最有意思的是每个护卫前来服役时，还必须随带一个弟弟和几个伴当。如千户之子，要带1个弟弟和10个伴当；百户之子，带1个弟弟、5个伴当；牌头（十户）和白身人的儿子则带1个弟弟、3个伴当。由这些人组成10个千户，计1万人的护卫军。10个千户中第一千户为"宿卫"，即专门负责夜间警卫任务；第二千户为持弓箭者，称弓箭手（箭筒士）；第三至第十千户为"护卫散班"，其中合撒儿手下的第十千户，或第八个千户为精选的勇士，平时做护卫，成吉思汗亲征时，则为先锋部队。从护卫军的组成，我们可以看到成吉思汗军事组织分工之一斑。

护卫军的职能又远非只是执行军事任务，它几乎掌管着宫中的所有事务。《元史》中载有"怯薛"（护卫）执事的详细分工：如火儿赤、昔宝赤、怯怜赤主管弓矢鹰隼之事；扎黑赤负责书写圣旨；必阇赤为天子主文史；博尔赤亲自烹饪并负责捧奉食物（给大汗）；云都赤、阔端赤为可带弓矢的侍卫；八剌合赤司阍；答剌赤掌酒；兀剌赤、莫伦赤典车马；速古儿赤掌内府，尚供衣服；帖麦赤牧骆驼；火你赤牧羊；忽剌罕赤捕盗；虎儿赤奏乐。"赤"又作"其"、"奇"，为蒙古语音译，系后缀，一般它附于名词之后，便成为××者，如上述"帖麦赤"，"帖麦"为蒙古语骆驼的音译，这样"帖麦赤"便可直译为"骆驼者"，实际就是牧骆人；"火你赤"之"火你"为羊的音译，所以就是牧羊人;"虎儿赤"之"虎儿"为胡琴的音译,"虎儿赤"就是操琴者、乐师,或者引申为艺人。

护卫军有这么许多的职能,大概有如下原因:成吉思汗初为大汗时,宫中分工尚不明确,便把所有的权力,无论巨细皆赋予他最信得过的人。所以《南村辍耕录》云,哪怕是成吉思汗的宰相有事见他,也要由那个带弓带箭的云都赤陪同,否则是不能见、也见不到的。

护卫军享有千户之上的地位 据《蒙古秘史》载,成吉思汗曾下达过几次诏令:我的护卫散班,在外官千户之上;护卫散班的随从,在外官百户、牌子头之上。若外官千户与护卫散班相争斗,罪在外官千户……掌管护卫的官人,非得我之允许,不得擅罚所管之护卫。护卫有罪,必先奏闻,然后执法,该斩的斩,该打的打。不依我的话,而擅罚所管护卫者,用柳条打的,也用柳条打他,用拳头打的,也用拳头打他。成吉思汗在详述护卫在保卫他的安全,随驾出生入死,屡建功勋后又说:以后我的子子孙孙们也要像我这样善待这些护卫们,不要使他们受委屈,不可疏忽。由此,足见护卫们所享有的特权了。这只是在成吉思汗的军事封建汗国初创之时才会有的现象。当时,国家政体初步形成,行政机构却远没有形成,只能以军代政维持国家机器的运行。也正是军事化的体制,使蒙古汗国富于侵略性和扩张主义精神,待时机成熟,它便开始了横扫亚欧大陆的远征。

成吉思汗的对外用兵 包括两个部分:一部分属

中国内地及朝鲜半岛，向东包括辽西、辽东金国故地与契丹以及朝鲜半岛的高丽，向南则有金国与西夏。另一部分，则是向西经新疆进入中亚地区、欧洲东部、南亚印度。自1211年成吉思汗誓师伐金，1217年诏封木华黎为太师、国王继续完成伐金使命，1219年亲自率军西征，1226年灭西夏，至1227年去世之前的再次伐金，16年间，"蒙古旋风"横扫亚欧大陆。遂在蒙古本土，新疆天山南北（畏吾儿），巴尔喀什湖（哈剌鲁），伊犁河、塔里木河流域（西辽），黑海东、咸海西、锡尔河南（花剌子模），黑海东北（康里），里海西、黑海北（亚速），黑海西、黑海北（钦察），以及伏尔加河以西的莫斯科、基辅（斡罗思，即俄罗斯）的广大地域之上，建立起横跨欧亚大陆的蒙古大汗国。

本书对成吉思汗西征的情况不再评述，但在这期间出现的两个著名人物——耶律楚材和邱处机（长春

图1 行军中的大帐车

（丁颖临摹）

真人）作扼要叙述，因为他们对当时乃至后世蒙古族文化有着重要的影响。

"辽材蒙用"的耶律楚材 耶律楚材是蒙古军破金中都之后得到的一个重要人物，此后他一直随侍成吉思汗左右，并随军西征（至中亚河中地区滞留未随行印度）。耶律楚材祖系辽之宗室，即契丹耶律氏，自称移剌氏，宗晋卿。因笃信佛教，又有湛然居士之号。有《湛然居士文集》（十四卷）传世。据说他的父亲移剌履（金章宗时尚书右丞）精通占卜术，算定他花甲之年生的这个儿子，将来"必成伟器"，但是将为"异国所用"，所以取《左传》之"楚材晋用"一语，为他起了个楚材的名字。日后，这位辽代宗室之子，果为异国——蒙古所用，成就了一番事业。

耶律楚材信佛，却并不排斥儒、道，可谓"并尊三圣"，这大概与其生长的时代有着密切的关系。当时（金元之交），儒、释、道并行不悖，所以，在他的诗作中有"三圣真元本自同，随时应物立宗风。道儒表里明愤典，佛祖权且透色空"（《题西庵归一堂诗》）的诗句。然而，他最崇信的仍是佛教，在他的遗作中也有贬斥儒、道的文字，也许是不同时代的不同认识，如在《西游录》中有痛斥邱处机，抑道扬佛的文字。

耶律楚材在金中都的名气，使成吉思汗慕名召见，并留在身边。西征中，每每遇到难题，也总要向他请教，诸如与行军打仗有关的预卜吉凶事等。但除了预言释难而外，因成吉思汗军中没有行政官员，所以文牍之事也由他办理。因此，尽管耶律楚材没有拜相，却干着丞相的活。而成吉思汗由于倚重于他，所以，他的话有着举足轻重的分量。其中最重要的是成吉思汗之后继承人的问题，最后决定立窝阔台即位与他的影响有着直接的关系，而他真正一展才华还是在窝阔台即位之后。此外，诸如劝谏禁杀戮等亦有一定的效果。关于他究竟是否受到重用，史家众说纷纭。应该说成吉思汗还是重用了他的，但是，受重用并非就心情舒畅。最简单的道理是：一个佛教徒，随军东征西伐，日日所见所闻不是抢掠便是杀戮，虽然时有所谏，亦有奏效，然而却不能制止，他与成吉思汗之间功利目的差异是悬殊的。也许就是因为这些，他在西域河中地方滞留下来，直到成吉思汗回师。当然，这里也有一个未解之谜：如果在成吉思汗去印度之前，他知道将进入佛国地方，他这个佛教徒为什么不随之前往呢？是否是不愿见到佛国的人们遭杀戮？但在河中逗留期间，他思乡思归的心绪却是肯定的，有大量的传世诗作为证。是否可以说，这一时期，虽然耶律楚材受到了重用，却并未得以一展宏图。

万里征召邱神仙　成吉思汗西征时期另一个重要的人物是邱处机（长春真人）。他是登州栖霞（今山东栖霞市）人，自号长春子。应召时已年逾古稀（有73岁、76岁等说）。从重阳王真人为师于宁海崑仑山学全真道，是重阳七个徒弟（七真人）中的出类拔萃者。师傅死后，他曾隐居13年，潜心修行，晚年回到家乡。金朝、宋朝均曾慕名多次派人邀请，都遭到他拒绝。1220年成吉思汗发来诏书，真人为其虔诚之词所感动，毅然带着19位徒弟千里迢迢赶赴西征军中与蒙古大汗相见。成吉思汗邀邱处机前来，主要是请教延年益寿的方法。邱处机在途中于1221年在河中与耶律楚材相处数月，二人赋诗唱和，虽信仰不同，倒也十分相得。1222年4月至兴都库什山旁的平原上，与成吉思汗相见，然而因为军情变化，成吉思汗又奔赴前方，9月底随成吉思汗回到撒马儿罕后才有机会论道。据《元史·邱处机传》载："处机每言欲一天下者，必在乎不嗜杀人。及问为治之方，则对以敬天爱民为本。问长生久视之道，则告以清心寡欲为要。"听了邱处机的平天下、治国乃至长生之道后，成吉思汗说："天赐仙翁，以寤朕志。"于是，让人记下来，作为教育后世子孙的铭志。又在所赐玉玺之上称邱处机为"神仙"。1223年3月，当邱处机辞驾东返时，成吉思汗曾赐给他牲畜财物，均被他婉言谢绝；当成吉思汗从翻译那里听说邱处机及其弟子们每每为赋税差役所累时，特赐一道免除税役的圣旨。

由于受到成吉思汗的隆重礼遇，邱处机及其徒弟们名声大振。此后在蒙古军队侵扰中原时，邱处机凭借成吉思汗的圣旨救助了数万百姓。

说到长春真人邱处机，人们自然会想到《长春真人西游记》，它是邱处机的弟子、于真人之后继续掌管全真道门的李志常所撰。李志常为真人往见成吉思汗时随行之19位弟子之一，道号通玄大师。《西游记》详细地记叙了长春真人一行西域之行所见所闻，沿途地理环境、民风民俗尽收其中，并对蒙古军西征路线、战役始末进行了部分的描述。对研究成吉思汗西征路线、部分战役的起止时间等提供了佐证材料，同时具有较强的文学性。王国维对他有很高的评价："考全真之为道，本兼儒释，自重阳以下，丹阳、长春并善诗颂。志常尤文采斐然，其为是记，文约事尽，求之外典，惟释家《慈恩传》可与抗衡；三洞之中，未尝有是作也。"

耶律楚材与邱处机虽同为成吉思汗所崇信的人物，但两者命运却截然不同。由于元世祖独尊佛教，佛、道遂水火不容，最后自然是佛教占据上风。元代祥迈之《辨伪录》则把邱处机贬得一无是处，这也是双方互相攻讦、诋毁的明证。

从佛教徒耶律楚材与全真教（道教革新派）真人邱处机受宠于成吉思汗，我们可以窥见当时蒙古民族对诸教兼收并蓄的文化特征。蒙古族除原始宗教"博"之外，对佛教、道教、伊斯兰教、景教（基督教之一支）、基督教、希腊正教、罗马正教等均曾不同程度地有所涉猎，其中除佛教外，大部系于西征中接触的宗教。诸汗国由于环境等不同，信奉的宗教也不同；就是同一汗国，不同时期信仰不同宗教的例子也不少。如伊儿汗国始信奉基督教，至合赞汗信奉伊斯兰教后，遂把伊斯兰教奉为国教。而蒙古上层由信奉景教，改奉佛教则是普遍的现象。蒙古民族自元以后几乎可以说全民信奉了藏传佛教，这是蒙藏文化交流的最主要的事象。由此可见，蒙古民族有着对一切宗教均采取尊重吸纳的文化传统，从而构成了这个民族文化的开放性特征。这应该说与蒙古族游牧经济,以及跃马驰骋亚欧大陆的丰富阅历有着直接的关系。

1227年成吉思汗驾崩,1229年窝阔台继位,自此蒙古历史又揭开了新纪元。窝阔台汗在位期间,于1247年在凉州(今甘肃武威),窝阔台之子阔端与西藏萨迦派之萨迦班智达举行了历史性的会见,这是蒙藏两个民族间第一次正式的接触。

图2 成吉思汗陵

(呼格吉勒图摄)

宗教、文化与艺术

蒙古民族世代生息在北方草原之上,以游牧为生。独特的地理环境与生产、生活方式使他们创造了独具特色的宗教、文化与艺术。现将13世纪中叶藏传佛教传入之前蒙古族宗教、文化与艺术简要叙述如下。

原始宗教与习俗 蒙古族生活于"天苍苍、野茫茫"的原野之上，脆弱的牧业经济，常常为"天"所左右。风调雨顺，则牧草繁盛，牲畜肥壮；天有不测，则非旱即涝，冬春之交，往往于一夜暴风雪后，成群的牲畜便会即刻化为乌有。所以，人们无限尊崇上苍"腾格里"（天）。而天神又常常附于大山和湖泊，所以，成吉思汗虽系天神的后裔，对救命的不儿罕山亦是顶礼膜拜。而"博"（或作"孛额"）则是天神与人间往来的使者。成吉思汗无论是大难不死或是出征之时，均举行祭天的仪式。祭天之时，"博"即是主持人，他们是享有很高地位的人。从这足见蒙古族对"腾格里"崇拜之一斑，而这一崇拜被称为"博"教。研究北亚民族原始信仰的学者们把它归入"萨满"教，其实蒙古族并不知萨满，只是后世学术界引入了这一称谓，把蒙古族的原始崇拜称之为蒙古萨满教。

蒙古萨满教，除祭天之外，同时又有祭地的内容。《蒙古秘史》中的"奥特根"即是"地母"之意，所以"天父"、"地母"之说在蒙古先民中早已存在。"地母"应早于"天父"，只是由于社会发展阶段的变化，由母系氏族社会发展到父系氏族社会，"地母"也被"天父"取代。

除天和地的崇拜之外，蒙古族对日、月、星辰及水、火等均存有冥冥中的敬畏。他们把农历四月十六日称作"日月并辉"之日。因为十六日的月亮最圆，所以也是一个举行各种庆典的好日子。而被称作"金钉子"的北斗星，因为它悬于北方夜空，是牧人夜晚

43

辨别方向的标志,所以,也是被人们礼拜的吉祥物。水,则被人们认为是最圣洁的东西。北方草原的许多地方尽管牧草茂盛,但却严重缺水。人们珍惜那来之不易的水,所以绝不让它们受到污染,禁止把脏东西放入水中。因此,旧时在缺水的地方人们的袍子是不洗的,从缝制成功到穿破为止从不洗涤。同样,对于火人们也怀着无限崇敬之情。认为火是纯洁的,但较之水的纯洁又有更深的内涵,认为它可以祛除邪恶,它是一方神祇。因此,禁止用水泼火,亦不可用刀刺火,否则,将会遭到不测。至现代与当代,这一习俗仍旧流传着,在婚礼上,有新人跨火的仪式,既有禳除灾祸的意思,又有永结同心的内涵。

此外,祖先崇拜、灵魂崇拜等均是蒙古族原始信仰的重要组成部分。而这些崇拜均是蒙古萨满教的组成部分,在各种仪式上的萨满法事中都可以见到。

至13世纪藏传佛教传入后,随着蒙古族信仰的改变,许多习俗又蒙上了佛教色彩,这是后话。

婚姻与家庭 在蒙古语中"娶"称作"格尔勒库",意思是成家;"嫁"称作"牟尔达库",意思是启程(上马而去)。说明男婚女嫁的归宿是在男家。男女婚配最初都是由氏族首领或父母来决定,两情相悦而后娶嫁者十分罕见。这与蒙古族严格的族外婚制有着直接的关系。蒙古族为保持血统纯正,禁止族内或近族通婚,一般女子成年后要远嫁,成吉思汗的母亲诃额仑就是在远嫁蔑儿乞的途中被抢的。由于实行族外婚制,青年男女也就难于在婚前结识,不可能有恋爱的机会。从成吉思汗（帖木真）的婚事，我们至少可以看到十二三世纪时蒙古的婚姻形态。

一是早婚。9岁时其父便带着他去定亲，而如果没有变化，他将留在岳父家3年，尔后返家成亲。可见当时盛行早婚，而且有定亲后留赘女家的习俗。

二是族外婚。孛儿帖家属翁吉剌惕部，德薛禅见到也速该即称"亲家"，使本欲到妻子诃额仑母家斡勒忽讷兀惕部聘女的也速该，同意留住几日。后来相中了孛儿帖，才把帖木真留下，算是结成了儿女亲家。而翁吉剌惕部与帖木真家相距很远，《秘史》说也速该"三宿而至其家"，三四天的马程，至少也有200里路以上了。说明蒙古族实行严格的与远方外族通婚的制度。

三是定礼。定亲时需要下定礼，所以，也速该在离开翁吉剌惕部时，"赠其从马为聘礼，留帖木真而去"。看来这时的定礼还不算多，只是把也速该换乘的马留了下来。但在后来，聘礼越来越多，所以在1604年颁布的《卫拉特法典》里干脆明确规定了最高限额，"在20世纪30年代，内蒙古自治运动的时期，也曾限制不得超过五头大家畜（马或牛）的数字"。

四是见面礼。新娘嫁到婆家，要给婆婆送一件珍贵的见面礼。孛儿帖献给诃额仑的就是那件有名的黑貂皮衣，后来帖木真靠着它说服王罕同意对蔑儿乞人用兵帮助帖木真夺回了孛儿帖。

订婚要摆设丰盛的宴席，称"脖颈宴"，即在宴会上吃手把肉，以啃羊脖颈为主。羊脖颈这个部位肉少筋多，而且骨缝特别复杂，所以啃起来不像肩胛骨或腿部位那么省事，需要锲而不舍地下一番工夫才能啃干净。啃羊脖颈取意两人同心协力，同甘共苦，白头偕老。

五是婚礼。蒙古婚礼隆重而热烈。依据萨满（博）或喇嘛选定的吉日，男方佩带弓箭，与近亲的人们一起来到女方家的附近。这时，便会遭到女方亲友的阻拦。双方的"赫拉莫尔其"（善辞令者）便会开始一场辩论。男方的赫拉莫尔其在说辞中不仅要说明此行的目的，而且要有充足的理由，讲述新郎的家世和本领，意在表示新郎配你家新娘绰绰有余；女方的赫拉莫尔其则强调新娘的美丽贤惠，女家的荣耀，等等，其间会百般为难男方。双方一来一往，均采用韵文体的赞辞形式。若双方的赫拉莫尔其为旗鼓相当的对手，这场辩论会十分精彩，成为人们传诵的佳话。双方的辩辞都是即兴创作，出口成诵，既博古通今，又切合男女方家事的实际，是一次智慧和辩才的较量。最后自然是女方放行。

新郎进入岳夫家中之后，要跪拜新娘父母及家中长者，并聆听岳父母大人的祝福。有时岳父母说上几句之后，仍由善辞令的人代为致祝辞。而后送新娘上路，父母与新娘依依惜别。途中新人要在一处有敖包的地方拜祭天地，一般认为从这时起他们便正式成为夫妻了。

新娘来到新郎家，进门前要跨过一个火盆（或绕过火盆），然后先行叩拜佛祖，而后叩拜公婆及家族中的长辈，并献上礼品。公婆及长辈们除回赠礼物外，还要致祝福赞辞。之后举行婚宴。送亲来的女方长辈在首席就位，双方长辈间互相致祝辞，除相互表示恭敬之意的语句外，其他都是对新人的祝福之辞。此后，参加宴会的宾客们便可自由致辞敬酒，觥筹交错、美酒欢歌，呈现一片吉祥而热烈的场面。

婚宴一般要连续进行3天，在第三或第四天的早餐之后，送亲的人们便告别离去。行前要举行最后的一个程序，男方假意把女方轰撵出门，双方不免又一场嬉笑辩论。

这里只叙述了婚礼的一般程序，事实上程序要复杂得多，而且因地而异，有或繁或简的区别，诸如鄂尔多斯婚礼、科尔沁婚礼以及布里亚特婚礼等都是独具特色的蒙古族婚礼形式。无论程序如何，婚礼之上的婚礼歌、吉祥祝辞和赞辞却是不可缺少的。因此，在蒙古族民间流传着大量的婚礼歌曲和祝赞辞，它们作为民间文学的两种样式自古至今广为流布，不仅有欣赏价值，而且在文化人类学上具有重要的意义。

一对新人结合后，一般殷实人家会另立新包居住，组成一个新家庭，但仍与父母住在一个营地，相邻而居。

蒙古族的家庭形式，系一夫一妻制家庭，历史上曾有过一夫多妻制。特别是佛教传入后，男性出家人增加，男女人口比例失调，一夫多妻制曾有所增长。至于妻妾成群的汗王、贵族则从来都是一夫多妻，并不是正常的婚姻形式，与民间的一夫多妻不可同日而语。

主格黎与敖包 "主格黎"是一种以一根长杆悬挂畜肉祭天或祭祀的礼仪。"主格黎"是蒙古语"诅咒"的意思,据《秘史》称:孛端察儿在世时,他的妾所生之子沼兀列歹能够参加这一仪式。可是在他死后,因为沼兀列歹经常与兀良哈人厮混在一起,便被族人怀疑非孛端察儿亲生子,而是兀良哈人的后裔,所以不再让他参加"主格黎"仪式,并将他驱逐出家门。可见这一祭天礼仪是家族内部举行的仪式,兼有祭天祭祖双重意义,闲杂人等、非族人是不能参加的。

"主格黎"立杆祭祀的习俗,不仅在蒙古族中普遍存在,而且在当时契丹和女真人中也普遍盛行,以后的满族从百姓到皇室,无论农家土屋还是皇家宫殿前面,立"祖宗杆子"的现象比比皆是。可见这是东北亚民族的一个古老习俗。但是,杆子却不尽相同,蒙古族后来衍变成为竖立一支带缨疏的矛,这与它的军事封建制有着直接的关系。至今在内蒙古鄂尔多斯地区,从成吉思汗陵寝宫内矗立的一支粗大的矛以及该地区寻常百姓家门前立的一支或两支矛仍可看到当年"主格黎"的风采。一般这支长矛顶端是金属矛头,矛下为一圈用黑色马尾做成的缨穗。百姓家门前的矛上悬挂一面称作"黑毛利"(幸运之马)的旗,一般为白色,上印有一匹奔驰着的马,当地人称之为"希望之马"或"幸运之马",以祈祷吉祥。而竖两支矛的人家则在缨穗之下横拉一根绳索,绳索之上挂有红、黄、蓝(绿)、白、黑五色旗,上印奔驰之马;在两支矛之间砌有土台，供祭祀时摆放供品及焚香、煨桑之用。显然，"主格黎"杆经过几个世纪的变化，又有了新的含义。鄂尔多斯地方百姓一直以守陵部队的后裔为荣，家家户户几乎都有这样的矛杆。所挂"黑毛利"旗，在旗中心是一匹奔马，但四周却增加了藏文六字真言和佛教的吉祥物。可见藏传佛教又在上面留下了烙印，"主格黎杆"与藏族"玛尼杆"又有了相通之处。

走在千里草原之上，在山峦起伏处，或在城镇周围的山顶上，人们会发现用石块垒起的圆形石堆，或大或小，有时独立存在，有时则是三五成群，由大到小一字排开，上面插着干树枝，树枝上挂有五颜六色的布条。这就是蒙古族地方的"敖包"。一般没有到过那里的人们都是从"敖包相会"的歌中知道它的，然而，它却不是为情人相见而建。据考，它属于原始信仰中祭祀山神用的，在《蒙古秘史》中称之为"扎刺麻"。人们通过它来祈求山神的护佑。在藏传佛教传入后，在上面插着的枝条上悬挂的布条、旗子之上出现了藏文的经咒，让人们想到了藏区的玛尼堆。

"主格黎杆"与"玛尼杆"、"敖包"与"玛尼堆"鲜明地标志着蒙藏文化交流的痕迹。

艺术　一般来说，艺术中应该包括绘画、雕塑、音乐、舞蹈、戏剧以及建筑等。由于篇幅限制，这里仅就绘画、音乐叙述一二。艺术的产生离不开人们生存的环境、生产生活的节奏与方式。草原民族有它自己独具品格的绘画与音乐。

北方游牧民族最早的绘画作品当属阴山岩画。它是原始狩猎游牧先民绘于阴山峭壁上的线条画。内容包括有狩猎、放牧、舞蹈乃至交媾等，有动物、牲畜的头像、全身像，也有人物的整体线条图像。其早期作品虽然无法判定属于北方哪一个民族，但其中晚期的作品却无疑是蒙古族所作，因为上有蒙古文字。

也许因为蒙古民族生活于蓝天绿野之间，所以在绘画与建筑中使用的颜色也主要以亮色居多，如蓝、白、绿、红等。以蒙古包为例，它的两大组成部分基本上呈两种颜色。这两大组成部分是骨架和蒙皮。骨架部分由陶那（顶中心圈）、乌尼（椽子）、哈那（可折叠之墙骨）及门组成；蒙皮由毡子制成的2～3片扇形的顶毡和3～4片矩形的墙壁围毡组成。木制的骨架部分一律漆成红色，而蒙皮则一律为白色，用白布、蓝布或红布镶边。在蓝天白云之下，绿草如茵的草原上，一座座白色的蒙古包，一个个红色的包门，尽管颜色十分浓重艳丽却显得美丽而和谐。家中如果有个巧手的主妇，那么在蒙古包围毡的四角和边缘上你可以看到精心绣制的图案，一般是用棕色的毛线缝制，显然是就地取材，用本色的牛、羊毛捻成的毛线，显示着古朴粗犷的美，别是一种情趣。蒙古包里边，又有铺毡和毡簾（内墙围，现代人称壁挂），一律是白毡上用棕色毛线缝制各种图案。而摆放在正北方（上方）的箱柜也多漆成红色，用油漆彩绘图案。无论铺毡、毡簾以及箱柜上的图案均具有鲜明的草原特色，一般均是取材于草原上的花卉，花瓣小而密，呈中心对称，周围饰以云卷。箱柜上一般用白、黄、蓝、绿色绘制图案，考究点的还用金粉漆勾边。其实，当一座蒙古包搭成之后，不加任何修饰就已经是一个艺术品了。走进包内，上面由圆形天窗（陶那）向周围放射状地布满如伞骨般的椽子（乌尼），椽头刚好搭在哈那的桠头上，而围墙为移动方便做成（6片或8片）可以拉合的菱形交叉结构，在白毡的衬托下，一个个红框白底的菱形，形成一个连续的图案。这圆圆的毡房赏心而悦目，人人都会为游牧民族发明的这种既实用又美观的作品慨叹不已。

蒙古族长期处于游牧生活状态，不断地迁移，所以，没有所谓惊世骇俗的巨型绘画作品传世。然而，在藏传佛教传入后，蒙古族的艺术家们却在寺院里找到了一展才华的地方。在北方草原上的寺院里，佚名画家们留下了许多精美的画像、壁画，其中虽不乏尼泊尔、汉地画家的作品，但大部分是蒙古族画家的杰作。扎奇斯钦先生在他的《蒙古社会与文化》中明确指出："据现在所知，漠北蒙古的佛教教宗哲布尊丹巴（1635～1723年），就是一位有名的雕塑家和建筑家。"

音乐 蒙古民族是一个善于用音乐语汇表达情感的民族。他们世居的地方被称为"歌的海、诗的洋"，人们无论走到哪里都能够听到当地的民间歌曲，可以说无论男女老少都是歌手。在20世纪70年代末至80年初，笔者在参与搜集、整理和出版蒙古民歌集的活动中，曾接触到包括内蒙古、黑龙江、吉林、辽宁、宁夏、甘肃、青海和新疆8个省区蒙古族聚居地区的歌曲数千首，据最保守的估计，如果加上境外蒙古国、俄罗斯布里亚特和卡尔梅克地区的蒙古民歌,总数可达2万首以上。蒙古民歌在歌词的创作手法上各地大同小异,而在音乐上则呈现着鲜明的地方特色。一般分为长调歌与短调歌。长调歌主要在西部牧业地区流行,旋律舒缓绵长;而短调歌则在东部农区盛行,它激越铿锵,节奏鲜明。著名的改编歌曲《赞歌》的开头和结束段音乐即具有长调歌的特点;而中间段音乐则吸收了短调歌的旋律。除东部与西部外,应该提到的是位于中部地带(大致划分)的鄂尔多斯地区的民歌,它的旋律起伏多变,不仅节奏快,且音域变化大,有时在同一首歌里高低之间竟会有八度以上的跳跃。这一地区著名的民歌有《森吉德玛》。考察不同地区形成不同曲调的原因主要有两个方面:一是生活环境,也即地理环境;二是劳动节奏。辽阔无垠的草原上,放牧牛羊,悠闲而散漫,是产生长调的温床;而田埂相连,手举锄落的农业生产,孕育出短调的旋律;鄂尔多斯连绵起伏的丘陵和沙丘,亦牧亦农的生产活动又产生了特有的快节奏的跳跃,犹如纵马驰骋于高高低低的草滩、沙漠。

蒙古民歌的音乐与歌词的内容、诗句的韵脚形成完美的结合,诗韵与旋律浑然一体。民歌可分为叙事与抒情两大类,又可依内容分为历史歌、生活歌、劳动歌、情歌、婚礼歌、出征歌以及祭祀歌等。历史歌、出征歌的恢宏,生活歌中孤儿歌的凄凉、劳动歌的欢快、情歌的缠绵等构成了蒙古音乐绚丽多姿的风采。

叙及蒙古族的音乐,就一定要说说这个民族独具的乐器——马头琴。关于马头琴,在民间有一则凄惨的故事:在一次王爷举行的赛马会上,苏和骑着小白马得了第一名。王爷见他是个穷牧民,不但违背了嫁女给骑马冠军的诺言,而且还抢走了小白马。几天后,小白马带着箭伤回到主人身边。苏和替它拔去身上的箭,为它敷药。但是,小白马还是死了。后来小白马托梦给苏和,让他用它的筋骨和尾巴做一把琴,苏和照办了。从此以后,只要苏和拉起那把琴,牧民们便会想起小白马在世时的欢乐与荣耀。真正的马头琴,结构类似二胡。但是音箱是个呈梯形的木箱,蒙以羊皮,琴弦与弓弦皆用马尾制成,一般在杆的上端,装一个木雕的马头,因此称作"马头琴"。演奏时,马头琴能发出低沉、悲怆的声音,最适合抒发思亲、思乡、无限缅怀逝去岁月的情愫。因此,它既是蒙古族人民智慧的结晶,物质文化的产品,又是饱蕴着精神文化内涵的杰作。

除此之外,在蒙古族音乐中亦融入有西夏、女真、汉族以及西域、吐蕃等音乐的有益营养。舞蹈与戏剧,在蒙古族的历史上虽然也出现过极盛的时期,如《元史》中就有6部武舞的记录。但比之民间歌曲与音乐则大为逊色,可以说并不发达。及至后来佛教传入后出现的"羌姆",则完全是藏族的宗教舞蹈,而非蒙古民族传统的舞蹈了。

风格独具、气象万千的蒙古族传统文化绝非本书上述的几则实例,它们只不过是草原上的几朵小花,更何况文化自有其意会而无法用另一个民族的语言所能描绘的部分,所以,它的奥秘绝不仅仅是今天我们所能读到的部分。例如蒙古族民歌、祝辞、赞辞中许多内容是无法翻译的,关于马的数十种词汇,在汉语中也难于一一对号,我们只能在特定的氛围中才能领会它们的深邃内涵。

二 藏族历史文化源流

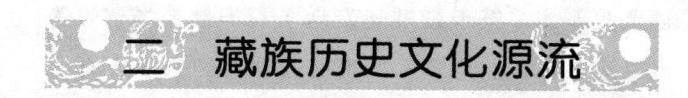

位于中国西南部的青藏高原，以其平均海拔4000米以上被世人称之为世界屋脊。在这片广袤的土地上，不仅有世界最高的珠穆朗玛峰，同时拥有连绵起伏的雪山和星罗棋布的高原湖泊；有喜玛拉雅山南麓的热带雨林，也有藏北高寒干燥的草原；有辽阔的高原牧场，又有发达的农业谷地。但是，由于绝大部分地区高寒缺氧，气候多变，群山屏蔽，交通不便，形成一块相对封闭的地区，世人所知甚少，遂成为人们望而却步、心存神秘之所在。不了解那里的人既把它当做佛国的圣地，又把它看成是人类难于生存的"死亡地带"。然而，就是在这片土地上，自古以来繁衍生息着勤劳、智慧的藏民族，迄今人口已近400万。

藏族主要分布在西藏，青海的玉树、海南、黄南、海北、果洛和海西州，甘肃的甘南州和天祝县，四川的甘孜、阿坝州和木里县，云南的迪庆州。据考古发掘所获资料，青藏高原上自远古起便有人类活动。1958年在青海托托河沿岸发现旧石器，在西藏林芝发现古人类头骨。1966年以后又陆续在西藏日喀则地区的定日、聂拉木，那曲地区，阿里北部地区，昌都地区的墨脱、加卡区卡若村，拉萨市北郊，以及青海的湟水、黄河沿岸等地发现了大量的石器、骨器和陶器。西藏北部才多茶卡湖畔还发现了石器制造场，等等。经专家鉴定，上述藏区发现的石器分别属于旧石器、中石器和新石器时代。大量的考古发现证明，自旧石器时代起，青藏高原上就有原始人类居住。同时，藏族的民间口头传说和用藏汉两种文字书写的诸多历史文献又有力地证明了藏族自古以来就生息活动于青藏高原上。藏族先民在与中国西部诸民族的不断融合中形成了今天居于西藏以及青海、甘肃、四川和云南等省区境内的现代藏民族。

关于藏民族的起源

像所有的民族一样，藏民族也有关于本民族起源的口头传说。在众多的传说中，以"猕猴与岩罗刹女"的传说最为原始，流传也最广。传说很久很久以前，在今西藏山南地区雅隆河谷的穷结地方，由于气候温暖湿润，山高林密，万物滋生。密林中住着一只大猕猴，它与岩罗刹女结成夫妻，生下了6只小猕猴。老猕猴把它们送到一处果实丰盛的树林中任由它们自谋生路。3年之后，当老猕猴再次来到那片林子时，惊异地发现它们已经繁衍成为有500多只猴子的大猴群了。由于食物不足，它们为争抢食物而相互厮打，殴斗中有的被抓破了脸，有的被揪掉耳朵，其状惨不忍睹。

众猴见老猴到来，纷纷围了上来，乞求食物，老猴叹息之余，便把它们领到一个长满谷类的山坡上，告诉它们说："以后，你们就以此为生吧！"从此，猴子们便以野生的谷物维持生计。渐渐地身上的毛变短，尾巴也消失了，再后来，他们又有了语言，成为这里最初的人类。

这则神话传说不知流传了多少年，当佛教开始在高原兴起和传播后，它又有了新的说法，作品也由单一的口头流传而增加了书面传播的形式。在藏文的许多历史著述，诸如《玛尼全集》、《西藏王统记》、《贤者喜宴》（又作《智者喜宴》）以及《西藏王臣记》等均有记载。例如在《西藏王统记》中就是这样记述的（梗概）：

观音菩萨将一"授具足戒"的神化作猕猴派到西族雪国修法。猕猴在一座岩洞中潜修慈悲菩提心，正在深得妙法空性，生起胜解之时，一岩罗刹女来到洞里，对猕猴说："我俩可成婚媾。"猕猴拒绝道："我乃圣观音之具戒弟子，如为汝夫，破我戒行矣。"这岩罗刹女听罢，先是以死（自戕）威胁，后又以与魔鬼成婚，日夜危害生灵，并"生魔子无量"让雪国成为魔城来恫吓。说这番话时竟然"泪涔涔下"。

这么一来猕猴进退维谷，与之成婚破戒行，不同意成婚则将祸及雪国众生，罪孽深重。他只好去请示圣观音菩萨。圣观音听罢说道："汝其作罗刹女魔之夫！"一旁的众神祇亦纷纷表示赞同。这样，猕猴与女魔成婚。他们的结合被认为具有三项功德：弘扬了佛法；广播了知识；开发了宝藏令八方受益。

猕猴与女魔婚后，各处死去的众生灵纷纷前去投胎，生下6个雏猴。由于投胎者不同，雏猴禀性迥异：由地狱处投生的"面黑耐苦"；饿鬼处投生的"貌丑贪食"；畜生处投生的"形顽形愚"；人处投生的"知广心慈"；罗刹处投生的"性暴多妒"；天处投生的"性和心喜"。猕猴便把他们送到一处果实丰盛的地方任由他们自谋生路。3年之后，父猴再到那里探视时，发现已有500多只猴子，而吃食殆尽。众猴见父猴到来，便围上来讨吃食。父猴见状无计可施，便再次来到圣观音处请求救助。

圣观音听罢说道："你的后裔，我可扶养。"尔后，起身自须弥山取出青稞、小麦、荞麦、大麦和豆类等的种子，播撒下来。下界顿时长出了不种自生之谷。父猴便把猴群带到长满谷物的地方，对他们说："你们就吃这些东西吧！"这里也因此得名为"索当贡布"山，意为令其取谷山，这就是今之西藏山南地区的泽当地方。

众猴由于终日饱食五谷，久之毛短尾消，又有了语言，便成了最早的人类，雪国的先祖。由于秉承父母的不同性情，他们又分成了两大类。父亲的遗种"天性温顺，具大净信，与大悲悯，精进亦大，乐善巧言，出语和柔"；母亲的遗种"贪嗔俱重，经商牟利，喜争好笑，身强而勇，行无恒毅"，"五毒炽盛，喜闻人过，愤怒暴急"。也就是说，不同的遗传形成了世间众生相。

这以后，他们造沟渠引水，垦田耕种，建筑城邑，粗具人世间的规模。再后来聂赤赞普出世，又有了君臣的不同名分。由猿到人，至藏族先祖的形成，直到藏族历史上的第一位"国王"聂赤赞普的诞生，实际上经历了一个漫长的历史时期，而藏民族的社会发展史也并非如此的简单。但是，我们却可以印证前述的结论，那就是：在这世界屋脊之上，自古以来便有人类生息，而藏民族就是这片土地上的土著居民。

应该说，上述神话传说既是关于高原人类产生的一种说法，也是藏民族缘起的一种最原始的解释。传说涉及的地区在西藏山南地区泽当县附近，至今当地的藏族老乡仍能指出那个猕猴生活的洞穴。

雅隆河谷是藏族的发祥地，却并非藏族文化的唯一源泉。貌似封闭的青藏高原不仅内部诸部落间频繁交往，同时也始终没有断绝与外部世界的联系。正因为如此，在青藏高原上才最终形成了一个强大的民族共同体。这一民族共同体不是单一的而是多元的。诚如童恩正先生所指出的那样："如果我们综合考古、历史记载和传说等方面的资料进行分析，则可以推测西藏的原始文化中有两个部分，一种是土著居民的遗留，他们定居在西藏的时代目前至少可以推到旧石器时代后期，是一种游牧和狩猎的部落；另一种是从甘、青地区南下的氐羌系统的人，他们是一种农业部落。以后西藏的种族和文化，当就是以这两者为主体综合而成的。"（《西藏昌都卡若新石器时代遗址的发掘及其相关问题》，载《民族研究》1983年第1期）。另有学者认为：藏族源于三大氏族系统，即土著民族、北方胡民族和东方氐羌民族。无论二元论，抑或三元论，总的来说藏族是一个多元的民族共同体，而藏族文化则是具有多重性的复合文化。

"颈座王"开始的赞普时代

我们在前述的传说中讲到了神猴与岩罗刹女婚后曾生有6个子嗣。而藏族历史上据说最早即存有6个氏族部落，它们分别是"斯"、"穆"、"桐"、"东"、"查"和"楚"，分居于雅隆河谷的索塘、泽塘、沃卡久塘和赤塘等地。他们过着原始的采撷生活，"食自然之稻谷，衣树叶之衣，生活状况犹如林中之兽类"（《贤者喜宴》第七品）。藏文史书《贤者喜宴》关于藏族第二代赞普木赤赞普名字的由来有如下记载："木赤赞普之母名南木木，因木赤赞普系南木木所生故名木赤赞普。"该书还记述了以下数代赞普，如木赤赞普与萨丁丁生子名丁赤赞普，而丁赤赞普与索当当生子名索赤赞普等，他们的名字由原来单纯地随母系改为加入父系名字组成全名，说明了当时藏族社会正处于母系氏族社会末期、父系氏族社会初期的过渡阶段。这与《后汉书·西羌传》的所谓远古羌人"其俗氏族无定，或以父名母姓为种号"的说法十分吻合。木赤赞普是聂赤赞普的儿子，可见聂赤赞普的所谓"王"，开始只是一个氏族部落的首领，后来成为所谓"六牦牛部"之王亦只是一个部落联盟的首领。然而，他的出现却开始了藏族历史的新阶段。

关于这位聂赤赞普还有许多神话故事传世，其中有民间传说见之于史载。敦煌藏文史料记载的大致情节是这样的：聂赤赞普原来是13层天上的一位天神之子，后来下凡来到人间。当他踏上西藏羌脱神山地方时，遇到了12个牧人。这些牧人见他气宇轩昂，相貌非凡，问他从哪里来。他用手指了指天。众人仿佛一下子明白了，这分明是天神下凡！于是，牧人们把他抬了起来，放在肩上，以肩为舆抬回住地，拥戴为王。因为他是以牧人的颈项为座而来，所以，被称为聂赤赞普，译成汉语，意即"颈座王"。

"颈座王"的记载在西藏纪年史上是这样写的："印度阿育王之后裔名玛甲巴与结丁者，二人为孪生子，因政见不睦，玛甲巴太子被放逐至藏地，或谓太子有异形，手指足趾间有蹼，眼皮由下而上翻遮，如鸟雀然。其父以子非人形，认为不祥，放逐之西藏，由真塘之贡比拉山下降，为郊原牧人所见，询从何处来？太子以手指天，意为自此山上来，牧人乃以为神自天降，遂肩回部中，拥之为王，称之为仰赐赞普（意为肩舆上之霸者）。"仰赐赞普即聂赤赞普。

张其勤的《西藏宗教源流考》中这样写道："聂直簪布，系甲噶尔霞巴王子，由印度甲噶尔被充迁居西藏赞唐棍地方，随有才能之士十二人，藏人迎立为王，是为佛教传入西藏之始。"

洪涤尘的《西藏史地大纲》则说："据班禅额尔德尼大师谓：……有印度甲噶尔霞巴王子因犯罪被充入

西藏，藏人见其眉宇英俊，举动温文，以为神自天降，即扎木舆肩回部中，拥为第一世藏王，名曰聂直簪布（亦作仰恥簪布，意即肩舆上之霸者）。"

根据上述诸种说法，我们可以看出藏族的第一代王被认为是"自天而降"，或是"来自印度"。二者除来源稍有差异外，其他诸节均相同或相似。事实上它们均可归结于一类，即印度来源说。藏族王室的外来印度说，显然是佛教传入后的附会之说，带有鲜明的佛教印记。

事实上，聂赤赞普系公元前300年左右，约战国中期崛起于雅隆河谷的部落首领。始为雅隆悉补野部落之王（赞普），随着悉补野部的强大，最后成为雅隆河谷地区部落联盟之王。但是，他所统治的地方也只是"十二小邦"之一，除悉补野外，另有娘若、羊同、工域和达域等小邦。据藏族历史文献称，"诸小邦喜争战格杀，不计善恶，定罪之后投之监牢"，"不给众生住地，居草原亦不允许，惟依恃坚硬岩山（居住）、饮食不获、饥饿干渴，藏地众生极为艰苦"（《贤者喜宴》第七品）。可见藏地小邦的时代是个战乱不止，民不聊生的阶段。聂赤赞普这位"颈座王"，不仅开始了西藏"王者统治"的时代，同时，由于他与他以后诸代赞普的励精图治，雅隆悉补野日益强大，加之该部所处的地理位置得天独厚，经济、文化均得到迅速发展，逐渐成为藏族政治、经济、文化的发展中心。"雅隆悉补野部，地处雅隆穷结一带，是承担了最后统一吐蕃全境历史使命的核心部落"（《藏族简史》）。应该特别提到的是，当聂赤赞普成为部落联盟的首领，也即"六牦牛部"之王时，曾号称"鹘提悉补野"，这一称谓见之于汉文典籍。在古藏文文书中，又作"悉补野吐蕃"，地名称作"吐蕃索卡"（或"蕃域索卡"），这是"吐蕃"这一称谓最早见之史载（《雍仲本教目录》）的记录。

自聂赤赞普至松赞干布计32代赞普，大约1000余年的时间里，32位赞普均出生于雅鲁藏布江流域的雅隆河谷地区，他们的宫殿（城堡）、庙宇乃至他们死后的安葬地也均在这一地区。这里无疑是藏族古老文化的发祥地。例如，雍布拉宫、雍仲拉孜寺堪称聂赤赞普这位藏族历史上第一位"国王"建造的第一座宫殿和第一座寺院。而第九代赞普布德巩甲建造的秦瓦达孜宫则是自布德巩甲至达日聂赛（松赞干布的祖父）历22代赞普的王宫。雅隆河谷在藏族政治、经济、文化发展史上的重要地位是显而易见的。在《敦煌吐蕃历史文书》之赞普世系中记有描述雅隆人文地理环境及拥立第一位赞普的古歌："天之中央，大地之中心，世界之心脏，雪山围绕一切河流之源头，山高土洁，地域美好，人知为善，心生英勇，风俗纯良，在快马可以奔驰之辽阔大地"之上人们以肩为舆抬回了聂赤王。

3 赞普春秋

雅隆悉补野部经过聂赤赞普及其后续几代赞普的

苦心经营，逐渐强大起来。然而，外扰内乱却始终或隐或现地伴随着它，及至第八代赞普止贡赞普被弑，可谓达到了登峰造极的地步。或许是由于这位赞普丢了世袭的王位，或是因其本身性情暴躁、飞扬跋扈而误国，后人为警醒后世为王者留下了关于他的许多传说，不仅流布于民间，而且见诸史载。

止贡这个名字在藏语中就是个不祥之兆。"止"是刀剑的意思，而"贡"则是杀死。"止贡"便是"将被刀剑杀死"。关于这名字的由来，有这样一则传说：止贡的父亲还没有来得及给他取名便去世了，当他呱呱坠地之后，家人们只好去问他的祖母。老祖母认为给这个王位继承人起名字，不是件小事，需要细心地占算一下，于是她向家人提了3个问题。她问："吉地的扎玛岩峰坍了没有？登玛地方的止那草原被火烧了没有？达来维湖干涸了没有？"家人答道："扎玛岩峰没有坍，止那草原没有被火烧掉，而达来维湖也没有干。"如果老祖母听清楚了这些回答，这位赞普的名字可能就不是这个样子了。可惜的是，由于老祖母上了年纪耳朵聋了，完全领会错了家人的意思，当做是"岩峰坍了，草原烧了，湖水干了"。老祖母认为这个孩子命中主凶，便无限惆怅地说道："他不是死于水中，便是亡于刀下，就叫止贡吧！"于是这第八代赞普有了这么个杀气腾腾的名字。

但是，止贡赞普的被杀却完全是咎由自取。由于他自诩为神子，骄横暴虐，豪霸喜斗，总认为自己无敌于天下，常常向父系九族和母系三部的人们寻衅。

连他的儿子夏歧、聂歧、嘉歧都为他担忧,请母后劝说,无效。母后只好搬出辅助国政的哥哥天本波师劝阻。天本波师以参天大树毁于自身的腐朽,离开阳神和战神的保护恶魔和疾病就会缠身的道理诱导他理朝政、钟爱属下。然而得到的却是严厉的斥责和侮辱。天本波师痛惜之余,离开国都外出传教去了。

止贡仍是不思悔改,一意孤行。一次,他又向原来是家奴、现已当了宫廷侍卫官的罗昂达孜挑衅。罗昂是个智勇双全的人,止贡虽然一再地逼迫他与之比武,他却总是退避三舍,直到止贡首先动手,并厉声威逼时,早已压抑不住满腔愤怒的罗昂心中有了除去止贡的主意。他对止贡说:"如果你能赐给我好的兵器、铠甲和娘若香波城堡,到那月圆的时候,咱们来比武。"狂傲的止贡听罢,便把自己的兵器和铠甲给了他,另外赐给他娘若香波城堡。而后,各自去做比武的准备,只待月圆夜的到来。

王后听说后曾苦苦相劝,动之以情,晓之以理,却无法说服这位刚愎自用的赞普。这期间有一个本教师求见,献上所谓"决胜之策":让止贡右肩挂上一只死狐狸,左肩挂上一只死老鼠。说罗昂见到它们便会想到自己卑微的过去而怯阵,那时,便可毫不费力地杀死他。一番话令止贡更加胸有成竹,重赏了本教师后,索性不再做任何准备,静等比武时刻的来临。

罗昂却在积极准备,他在城堡下安排了100头驮着土袋子的牦牛,牛身上捆扎着一支支锋利的矛,又调了上百个弓箭手。在一个月圆夜,止贡带着自己的卫队来到已经属于罗昂的娘若香波城堡前叫阵。这时，罗昂早已严阵以待，做好了决战的准备。听到止贡的呼喊，罗昂便全身披挂骑着马冲出城堡。当罗昂见到止贡两肩挂着死狐死鼠时，心中一阵惊喜，不禁感慨本教师的妙法。二人经过一阵厮杀，不分胜负。这时，罗昂依计行事，对止贡说，两人拼杀，不算本事，城堡里并无多少士卒，你若能破城，我愿意自戕。目空一切、求胜心切的止贡，不假思索地答应了他的请求。不料罗昂退回城堡后，立即把那100头牦牛驱赶出来。当牦牛狂奔而来，相互冲撞时，尖利的矛刺破土袋，顿时尘土飞扬。止贡正欲攻城，却被这牦牛阵卷起的一片尘埃遮住了双目。这时罗昂又下令放箭，还没等止贡弄清楚是怎么回事，身上早已中了数箭，一头栽下马来，丧生于牦牛蹄下。

罗昂见止贡已死，便命手下人把他装入棺木抛入雅鲁藏布江中，自己带人占领了雍布拉宫，成了雍布拉宫的主宰。他下令把止贡的3个儿子分别发配至工布、娘布和包布地方。王后欲与小儿子嘉歧同去包布，罗昂不准，霸占为妻。此时，王后身怀止贡的遗腹子，即第四子俄拉杰。

王后的哥哥天本波师听到止贡的噩耗后痛心疾首，3个外甥遭流放，妹妹陷入魔掌生死不明，激起了他复仇的怒火，他曾试图杀死罗昂，却险些送了性命。王后生下俄拉杰后，设法逃了出来，母子俩四处流浪。十几年后，天本波师利用一只獒犬（又称藏犬，牧羊犬）毒死了罗昂，自己也染毒身亡。而止贡的3个儿子分别成了流放地的3个小王，3人联手肃清了罗昂的余党，与母亲和弟弟团聚。其间，四子俄拉杰曾历尽千辛万苦，几经周折终于赎回了父亲的遗体并安葬。最后，大家拥立止贡第三子嘉歧为第九代赞普，即布德巩甲。悉补野家族再现昔日的辉煌。布德巩甲另外在与泽当毗邻的穷结地方兴建了著名的秦瓦达孜宫，即第9～30代赞普的王宫。

关于止贡赞普的传说，最早的记录见之于敦煌古藏文历史文书，此后在《柱下遗教》、《西藏王统记》、《贤者喜宴》及《西藏王臣记》等历史著作中均有记载，民间亦有抄本和刻本流传。其主要脉络如前述，但不同的版本个别情节存有变异，诸如：止贡的3个儿子，不是被发配流放，而是因争王位遭止贡驱逐；止贡攻打尼泊尔归途中因与部下争谁是射箭英雄而被杀；布德巩甲不是三子嘉歧，而是四子俄拉杰，等等。总的说来，透过这则传说，我们看到了藏民族早期氏族部落时期的矛盾与斗争，如果说止贡赞普传说反映了悉补野部落内部的争斗（上层的矛盾、阶级的矛盾）的话，那么，部落间的矛盾、斗争乃至征伐则不绝如缕，下面关于征服苏毗部落的传说则最具典型意义。它是西藏赞普史上最重要的历史事件，是建立第一个统一的西藏吐蕃王朝的奠基石。

布德巩甲时代的悉补野部落政治、经济均得到了迅速的发展。在政治上，进一步完善了各项制度，如设置了"尚、论"（即"舅、臣"），也即"拉本"一职，它的第一任即是赞普的弟弟俄拉杰，史称"七名智勇大臣之首"。为了氏族的利益，不仅赞普一职父子相承，就连婚姻也要服从政治的需要，只在较小的范围内固定的血缘关系上联姻，如直至第29代赞普，悉补野部只娶"神龙之女"（《贤者喜宴》），也即吐蕃历史文书中所称的龙氏族女人。这一点除说明政治上的需要外，另与藏族早期的神龙崇拜有着直接的关系，具有深刻的文化内涵，我们将在后续段落里述及。

在经济上，由于金属工具的出现和农业的兴起，使悉补野部先于其他诸部实现了腾飞。据《贤者喜宴》记载：当时的雅隆地区已能够"烧木为炭，炼矿石而成金银铜铁，钻木为孔做成犁及牛轭，开掘土地，引溪水灌溉，犁地耦耕，垦草原平滩而为耕地，因不能渡河遂于水上建桥，耕种庄稼之农事首始于此。"

至第30代赞普达布聂赛时期，出现了度量衡和设定贸易价格的方法，也即商贸的萌芽期。《贤者喜宴》称："这时始有升斗，造量具以秤粮油，贸易双方商议互相同意的价格。而在此前西藏地区无贸易标准——升斗及秤。"

此外，农业的发展促进了畜牧业的繁荣。这时，在西藏应农业耕种运输之需，有了牲畜的杂交品种，例如犏牛和骡子的出现。牧业上也开始有了蓄草，也即储存草类的习惯。夏秋之际牧草茂盛之时，牧民将山野间多余的草割下来，加以储存，备冬春之时或雪旱灾害时供牲畜食用。这实在是一项重大的进步，直到今天一些牧业发达地区的牧民们仍旧采用这种方法，不同的只是打草的方法、储运的方式之原始与现代的区别而已。

悉补野部发展至达布聂赛时代在政治、经济方面的进步与发展，为它统治范围的扩大奠定了坚实的基础。据史载，这时，它已将"诸小邦中的三分之二均置于它的统治之下，本巴王、阿柴王（吐谷浑王）、昌格王、森巴王、香雄王（又作象雄王、羊同王，也即今阿里至青海西部地区）等均被制伏，娘、巴、嫩等（氏族）亦纳为属民。""卫藏"之地，"藏"地已超出了藏地的范围（如香雄、阿柴），已尽属悉补野赞普统治地区，也就是说他们的眼睛开始注视"卫"地（"卫"意为中心，藏族原称雅隆河谷为"卫"，至晚近则指拉萨河谷以拉萨为中心及它的东部和北部地区），当时雄踞"卫"地的即是苏毗部落。

《新唐书·苏毗传》（卷二百二十一下）对苏毗有如下记载："苏毗，本西羌族，为吐蕃所并，号孙波，在诸部最大。东与多弥接，西距鹘莽硖，户三万。天宝中，王没陵赞欲举国内附，为吐蕃所杀，子悉诺率首领奔陇右，节度使哥舒翰护送阙下，玄宗厚礼之。"从苏毗的地理位置以及上述这段记载，我们可以确定该部为羌系民族的后裔，古时西进居"卫"地。它是青藏高原上较为发达的部落，是疆域、经济均可与"藏"地悉补野部相抗衡的一支力量。在达布聂赛继位之前即与悉补野部多有交往。它似乎较之悉补野部又略胜一筹，否则，达布聂赛的妹妹何以作为人质在苏毗女王达甲瓦宫中当侍女？为此，达布聂赛耿耿于怀，大有不灭苏毗，死不瞑目的劲头。

机会终于来了,正当悉补野部秣马厉兵寻找兼并苏毗的机会时,苏毗内部发生了内讧。女王达甲瓦因不满大臣年纪颂傲视自己的行径,盛怒之下免去了他的官职。事实上女王制裁年纪颂只不过是"杀一儆百",她的真正目的在于削弱权力日益膨胀的贵族势力。结果年纪颂反而联合其他贵族一起杀死了女王,立小王弃邦孙为苏毗王。然而,这场斗争并未就此了结。原女王的宠臣娘氏家族的娘·祝古和娘·曾古父子竟被弃邦孙赐给了年纪颂做家奴,备受欺凌和羞辱。娘·祝古为此不时地向弃邦孙申诉。弃邦孙却不以为然,反而冷嘲热讽,百般袒护年纪颂,娘氏父子心中倍生怨恨。

韦氏为一般臣属,韦·义策的弟弟无端被弃邦孙的宠臣杀死,韦·义策向弃邦孙告状,弃邦孙反而怪罪韦·义策多事。韦·义策愤愤而去。

娘·曾古听说后前来安慰韦·义策,二人均不满弃邦孙之昏庸无道,所以一拍即合,密谋联络悉补野部灭苏毗。并把素与弃邦孙有隙的韦·义策舅舅农氏家拉来入伙。同时,设法与达布聂赛的妹妹建立了联系。经过一段时间的准备,娘、韦、农三家又与邻近的悉补野部贵族蔡邦·纳森结成同盟,并让蔡邦·纳森带着达布聂赛妹妹的信物拜见达布聂赛。

达布聂赛听罢蔡邦·纳森的叙述,大喜过望,盛情款待,并密邀娘、韦、农氏前来共商灭苏毗之大计。他们白天躲在树林里,夜晚进城堡密谋。时间久了,周围的人们便看出些端倪,于是作歌曰:壮士们骑着骏马，白天藏在树林中，晚上潜入堡寨，朋友乎？仇敌？

正当攻打苏毗的谋划紧锣密鼓地进行时，达布聂赛却因病突然去世了。其子囊日松赞继赞普位，他秉承父亲的遗志，继续与父亲的密友们商量着灭苏毗的计划。待一切准备就绪后，囊日松赞于620年，亲率一万精兵渡过雅鲁藏布江发起了对苏毗的总攻击。弃邦孙、年纪颂仍蒙在鼓里，在娘、韦、农氏众部的内应下，囊日松赞迅速攻占了王宫，弃邦孙和年纪颂死于乱刃之下。从此，苏毗故地尽入雅隆悉补野部版图，吐蕃疆土"卫"、"藏"连成一片。它包括今西藏大部、青海的一部分和四川的康巴等地。

囊日松赞圆了几代赞普吞并苏毗的梦，大功告成之后，对娘、韦、农氏有功之臣大加封赏，遂使这些新贵势力陡增，而一些旧贵族无功无赏怏怏然心生不满，种下了日后的祸根。囊日松赞沉浸于胜利的喜悦之中竟毫无察觉，秦瓦达孜宫日日歌舞、夜夜欢宴。纳贡的使者、易货的商人来来往往，络绎不绝。

赞普奖赏功臣，提拔新人，令昔日跋扈惯了的父王六臣和母后三臣们妒意横生，由妒生恨，最后终于毒死了囊日松赞。是年其子松赞干布只有13岁。

囊日松赞一死，吐蕃国内外的各种势力纷纷发难，内部父王六臣和母后三臣趁机四处起兵谋反，直逼穷结。而外部敌人亦企图卷土重来，如苏毗国流亡祝古的小王子芒波杰即与苏毗旧贵族联手为复国而采取了军事行动，抢占了穹波氏的领地；而羊同（也即象雄、香雄）本已纳贡臣服，此时，却进占年楚河。松赞干布即位后，在其叔父以及少壮派大臣，诸如桑扩米沁、尚囊等的全力支持下，迅速查清了毒死父亲的凶手，抄没了有关贵族的家产；又亲自参加讨伐反叛贵族的战事，及时肃清了内部的敌人。内部稳定后，松赞干布及其幕僚们又开始了外部的平叛。松赞干布与其大相兼战将尚囊首先造访了吉雪卧塘（逻娑，即拉萨）的韦·义策。就是那位原苏毗旧贵族，因不满苏毗王的倒行逆施，投奔悉补野的达布聂赛，后在囊日松赞征服苏毗时，与娘氏、农氏一起在苏毗做内应的韦·义策，因灭苏毗有功亦曾受到囊日松赞的赏赐。可是，面对悉补野先王去世，新主年幼，内忧外困的局面，他不免举棋不定。松赞干布到来后，他开始时表现十分傲慢。但是，当松赞干布与尚囊柔中带刚的一番陈述之后，他终于同意派出将士，与悉补野再度联手，对付苏毗小王子。

松赞干布此次赴吉雪卧塘，充分领略了那里的绮丽风光，也充分认识到它所处的重要地理位置。当松赞干布北方之行达成再灭苏毗的大计，返回穷结后，便立即筹措迁都之事。633年，松赞干布正式迁都吉雪卧塘，于吉曲河（今拉萨河）畔的红山上修筑了宫殿（后扩建为布达拉宫）。旋即派尚囊为帅出兵苏毗。不久，苏毗请降称臣，松赞干布准予保持其原有领地及部落完整，但从此派兵永驻该地监护行止。苏毗既亡，一直唯苏毗是从的东部小国，如党项、白兰、多弥等亦纷纷归附悉补野，也即吐蕃。至此，吐蕃与唐正式接壤,为此后唐蕃间的交往打开了通道,也为它与北方诸族的联系创造了条件,这是后话。

图3 布达拉宫

(丁颖绘)

　　松赞干布经过十数年的努力,以最后兼并西部的羊同为标志,完成了统一吐蕃全境的大业。(见《藏族简史》)受命于危难之时的悉补野第 32 代赞普弃宗弄赞(即松赞干布)以其过人的胆识和谋略,迅速平息内乱外扰,统一长期分裂的吐蕃地区,并在其后东与唐,南与尼泊尔、印度建立起长时间的友好关系。吐蕃与唐朝、尼泊尔、印度等不仅在政治、经济方面建立和发展了相互间的密切关系,同时在文化上进行了频繁的交往,取得了彪炳史册的丰功伟绩。诸如藏文的创制、佛教的引进等均为开一代先河之壮举,对后世藏族文化的发展作出了不可磨灭的贡献。

　　雅隆悉补野部由雅隆河谷崛起,自聂赤赞普至松赞干布历32代赞普,终于完成了统一的大业,建立起吐蕃王朝,揭开了藏族历史上最辉煌的一页。松赞干布在位时期(629~650年),恰值中原唐王朝的贞观盛世,而他开创的吐蕃王朝,在他统治的时代亦是藏族历史上的鼎盛时期。诚如黄奋生之《藏族史略》所指出的那样:"唐蕃杰出的两位政治家和军事家——唐太宗和松赞干布,善于了解社会发展条件和历史要求,通过唐蕃通婚形式,建立两国的和平友好关系,从而奠定了汉藏两族的甥舅历史关系。"松赞干布时代一直与唐朝保持着十分密切而友好的关系,其中文成公主与松赞干布联姻,千百年来一直在藏汉两族中传为佳话。文成公主不仅作为汉民族的友好使者,促进了两大民族间政治上的合作和友好交往,同时,在经济、文化等方面均有力地促进了藏民族的繁荣和发展。汉族先进的生产技术、天文历算以及医药等开始进入藏区。同时,她带来的佛教经卷等,亦在藏民族全民信奉佛教的过程中起到了重要的作用。

松赞干布时代藏族开始实行具有封建性质的领主庄园制度,其社会进程已由奴隶制社会发展为初期的封建制社会,也即封建的农奴制社会之伊始阶段。它虽仍保有奴隶制社会的残余,却有其鲜明的封建制特征。

松赞干布时期,由于"庄园制度的建立,农牧工商业的发展,创造文字,制定法律,确立政治制度,信仰佛教,这一封建的经济结构和为封建制度服务的政治、文化、宗教的各种形态，使吐蕃的社会面貌，焕然一新，吐蕃的社会进入富于极大历史意义的新的历史阶段。"(《藏族史略》)

对于一般的读者来说，了解松赞干布，莫过于通过文成公主入藏的故事了。关于文成公主的传说，在藏族地区可谓家喻户晓、妇孺老少皆知。传说的大致情节是这样的：英明之主松赞干布仰慕唐朝先进的生产技术与文化。听说唐太宗有位贤淑美丽的女儿文成公主，便想娶为妃子。于是，他派出了以干练的大臣噶尔·东赞（又作禄东赞）为首的求婚使团来到长安。不料慕名而来的波斯、霍尔、格萨和印度的使团也先后到了。唐太宗面对诸多使团着实犯了难。最后决定进行斗智比赛，谁赢了，谁便可以娶走公主。

第一场比赛是请大家将柔软的丝线穿过九曲明珠，这道难题令使者们费了思量。东赞在大树下想主意，这时一只大蚂蚁在眼前爬了过去，东赞一下子有了办法。抢先应试的几个使者纷纷以失败告终，轮到东赞时，只见他把丝线的一端系在蚂蚁腰上，让它带着丝线由九曲珠孔眼爬进去，而在孔眼的末端涂上蜂蜜，蚂蚁闻到蜜香在弯弯曲曲的孔眼中爬着，丝线也不断地被带进珠子。也许是蚂蚁那纤瘦的身躯难于拖着那长长的丝线在不断弯曲的孔眼中不断地爬行，它爬到中间停了下来，东赞不禁捏了一把汗。蚂蚁静静地停在孔眼的中间，东赞却焦急地思考着怎样才能让蚂蚁继续爬动。突然，他灵机一动，冲着蚂蚁钻入的一端，用力地吹了一口气。只见那小东西又开始爬动了。最后，它终于爬出了九曲珠。东赞迅速地抓住它并解开丝线，发现这替他完成穿珠使命的小生命，由于拖着细细的丝线，艰难地爬过弯曲的珠孔时特别吃力，竟连腰也被勒细了（从此蚂蚁的腰老是那么细细的）。东赞呈上穿好的九曲珠，为吐蕃赢得了第一场比赛的胜利。

第二场比赛是分辨母马与马驹的关系，即牵来100匹母马和100匹小马驹，让求婚使节辨认哪匹母马是哪一匹马驹的母亲。又是一场激烈的角逐，各国使节各显神通，有按马色辨认的，也有依岁口（年龄）辨认的，结果无一成功。东赞依照想好的办法，先把母马与马驹分别关上一天，只给马驹吃料，却不给水喝。第二天，当把马驹放进母马群后，只见马驹们一下子就钻到各自母亲的肚下吮起了奶头。就这样，吐蕃求婚使团又得了一分。

第三场是分辨100只母鸡与几百只小鸡的关系，要求准确地找出每只母鸡所孵的小鸡。东赞把鸡赶到了一片空地上，然后撒下酒糟，这时母鸡一见吃食，便发出咯咯的叫声，一些小鸡聚拢到了母鸡身边。可仍有些小鸡只顾啄食，并无反应。这时，东赞发出了鹞鹰的叫声。这一招儿还真灵，不一会儿所有的小鸡都钻到了自己母亲的翅膀下，东赞又胜一局。这之后，又分别进行了辨别木头的根梢、宰羊揉皮饮酒以及赴宴寻路回店等等比赛。东赞均以过人的技艺和智慧取得了一个又一个的胜利。最后，又在汉族奶妈的帮助下，成功地在500名美女中认出文成公主，终于完成了求婚使命。史载641年文成公主并唐、蕃专使，带着"诸种府库财帛、金镶书橱,诸种金玉器具,诸种造食器皿、食谱、玉辔与金鞍,诸种花缎、锦、绫、罗与诸色衣料两万匹",四百有四医方,百诊五观六行术,四部配剂术","书典三百有六卷,术数书三百卷"(见任乃强《西藏史鉴·附录九》),以及各类工匠、艺人、侍女以至力士赴吐蕃。庞大的迎、送亲使团浩浩荡荡逶迤西去。文成公主一行经青海日月山抵吐谷浑,在河源筑馆稍事停留。松赞干布一行专程至柏海迎亲,执子婿礼拜见唐专使李道宗。随后,一起返回逻娑(拉萨)。松赞干布于拉萨玛布日山,即今之布达拉山为公主建筑宫殿。不久,正式举行了盛大的婚礼。

当然,文成公主的进藏自始至终远没有传说那么顺利,更没有那么浪漫。吐蕃求婚使是在第三次至长安求亲时才得到应允,而且公主进藏路上亦是一波三折。为求得公主下嫁事,还引发了一场吐蕃与吐谷浑的战事。事情缘起于吐谷浑王诺曷钵在唐太宗面前搬弄了是非,对吐蕃极尽诬蔑之能事,致使第二次求婚失败,而吐谷浑却得以迎娶唐尚公主(弘化)。为此吐蕃结仇于吐谷浑,为惩罚吐谷浑而发兵20万,吐谷浑王一面求援于唐,一面仓皇逃向青海之北。松赞干布打了一阵子,由于对手之王已弃城逃遁,大概也觉得没了兴致,一腔愤怒又转而向唐。于是,令大军南进围攻唐朝边邑——松州。目的在于以武力胁婚。吐蕃大军把松州城守将牛进达困在城里,又设计将唐援军将领韩威撵进城去,然后,层层围住松州,只围不打。

其实根据双方军力，吐蕃军攻下松州城易如反掌，却按兵不动，就是等待唐太宗颁诏降婚。这一招果然灵验，唐太宗诏谕：次年议婚。这才有了噶尔·东赞成功的基础。

再说文成公主进藏。当她途经吐谷浑，应吐谷浑王诺曷钵和姐姐弘化公主之邀在该国小住时，无限思念父母和故国，甚至有过返回长安、次年再进藏的念头。正因为如此，才有了《日月山的传说》：公主面对荒凉的田野，举步维艰的路程，无限思念亲人故里。东赞看在眼里，急在心里。但他不愧为吐蕃一代智勇双全的重臣，心中突生一计。于是他故意用言语激怒公主，说其父母并非真心爱她，否则就不会把她嫁到吐蕃去了。文成公主为证明父母的爱心，欲出示随身带的日月宝镜为证。早已将宝镜偷换成石头的东赞表示愿意与公主打赌。双方立下誓约：若宝镜是真，公主即返回长安；若宝镜是假，公主高高兴兴上路，去拉萨成亲。并请江夏王李道宗为证人。其实李道宗也曾为公主踯躅不前而愁苦，不知如何复命。东赞想好计策后已与他私下达成默契，此时，只有文成公主还蒙在鼓里。他们来到一座山前，李道宗令人打开宝箱，取出绸布包裹的"日月宝镜"，文成公主不看则罢，一看之下不禁惊呆了，哪儿有什么"日月宝镜"？真的是块鹅卵石。希望过甚、失望之极的文成公主，不禁悲从心来。她果真如前约，义无反顾地踏上了成亲之路。由于发生了这么个"日月宝镜"的故事，那座山从此被人叫做"日月山"，它至今仍屹立在青海湖畔，诉说着文成公主进藏路上的这个小插曲。

文成公主在藏族人民心中可谓有口皆碑。文成公主进藏古道一线的藏区世代传诵着数以百计的传说故事,建有一座座庙宇和祠堂。这位知书达理、博学多才的汉族公主,为促进汉藏两族人民之间友好关系的发展建立了不朽的功勋。自此,唐蕃通好,历数十载不衰,而吐蕃与吐谷浑亦捐弃前嫌,十数年无战事,成为友好邻邦。

松赞干布时期,由于国泰民安,睦邻友好,呈现出一派祥和太平的景象,吐蕃王朝无论在政治、经济,或是文化方面均得到了迅速的发展,在文化方面的成就尤为突出。关于这位藏族伟大的政治家、民族英雄,敦煌古藏文文献存有如下的评价:"上有首领如弃苏农赞之深沉,下有大臣如东赞之贤明,为首领者替天行道,为大臣者泽被大地,权位威严,治理有方,外蕃威服,内政修明,黔首黎民,尊卑有次,证钦有则,居处受益,春秋有序,心愿有偿,强横则囚,顽抗是惩,凌犯者抑,善良者彰,贤明称赞,勇士蒙恩,为官称职,为民淳朴,普皆利乐。吐蕃昔无文字,松赞干布此时始命制定;建立法律官级,权别大小,职分高低,奖励忠贞,惩处悖逆。"(《吐蕃文献集》二函)

松赞干布生前曾计划死后禅位于其子公孙公赞,不料公孙公赞竟先他而去。650年松赞干布卒,其尚在襁褓之中的孙子芒松芒赞继赞普位。若自赞普制推算自聂赤赞普始,芒松芒赞就是藏族第33代赞普,若论吐蕃王朝世系,则是第二代。由于他无法临朝执政,便由东赞为大伦，辅佐朝政。据史载，东赞在松赞干布时期曾立下汗马功劳，无论在平息内扰外乱之时，还是在赴唐求亲等外交活动中，均显露出干练的才能和耿耿忠心，不仅松赞干布倍加信任，就是唐太宗也颇为赏识其才具，曾授予右卫大将军职，甚至想为他物色一位汉族妻子，他以已婚为由婉言谢绝了太宗的盛意。东赞无愧为一代忠臣，松赞干布死后，他继续执行与唐交好的政策，并曾平定吐蕃珞部的叛乱。于655年写定吐蕃法律条款，于655年出兵白兰氏并获胜，而后开始连年进攻自文成公主进藏后一直修好的吐谷浑，逼迫诺曷钵王于663年败走凉州（今甘肃武威）。此时，吐蕃王朝已确立了在青海大部分地区的控制权。东赞死后，670年由于吐蕃等攻占唐陇右道的龟兹、疏勒、于田、碎叶等丝绸路上的四重镇，唐蕃之间开始了连年的战争。唐朝为救援其藩属国吐谷浑，于670年在青海湖南岸的大非川进行了第一次唐蕃战争，唐军失败。吐谷浑王诺曷钵于672年又一次携家眷和残部逃往灵州（今宁夏灵武之西南）。此后，由于唐朝内部对为吐谷浑与吐蕃再战无法形成统一认识，吐谷浑复国无望，诺曷钵老死异乡，吐谷浑国自此消失。唐朝事实上失去了它西部的屏障和中西交通必由之路上的安宁。而吐蕃则实际上控制了这一地区，成为它进攻甘肃河西、陇右、西域，威胁唐王朝的基地。藏民族活动的区域从卫藏地区向北、向东北扩大了。

东赞死后，噶氏的子弟们仰仗东赞勋业的余荫，对内跋扈专权，对外实行扩张主义的穷兵黩武政策，而由于此后数代赞普均为幼年继位，为他们独揽大权提供了契机。吐蕃王朝开始了贵族专权的时代。如前所述，东赞死后两年，即爆发了唐蕃第一次大规模战争，充分表明了吐蕃对外政策的变化，与唐朝从友好的甥舅关系，变成了相互冲突、敌视，不断摩擦的敌对状态。676年吐蕃王朝第二代赞普芒松芒赞卒，没卢妃墀末禄氏之遗腹子于679年嗣位（时约3岁），名都松芒保结（汉籍作器弩悉弄）。685年用噶·钦陵为大伦。此后数年，钦陵常驻突厥，成为与唐经常对峙征战的主要人物。据史载，他坚持丝绸路的西域四镇归吐蕃，或者唐朝允许四镇"自建君长"，其实质上仍归吐蕃支配。唐朝自然无法答应这一要求，于692年派著名将领王孝杰收复龟兹、疏勒、于田和碎叶四镇。不久与钦陵在吐谷浑故地进行了一场大会战，也就是唐蕃之间的第二次大战。结果，王孝杰于695年和696年分别在青海素罗汗山和甘肃凉州大败，钦陵的吐蕃军大获全胜。

由于噶氏弟子对外采取武力扩张的政策，人民负担加重，瑶役、赋税加兵役，令人民苦不堪言，遂爆发多次的暴乱，如日喀则地区就发生了反抗征丁敛赋的起义。而屈服于压力暂时降服的诸邻国，亦蠢蠢欲动，企图脱离吐蕃的控制，诸如羊同、党项等，吐谷浑故地亦不平静。而在吐蕃上层，由于噶氏家族独揽大权，凌驾于其他贵族之上，引起贵族的不满，形成了噶氏家族为一方与赞普和诸贵族为另一方的权力之争。当都松芒保结稍长,便与众大臣一起采取了行动。695年对噶氏家族发动了突然袭击,宣布罢黜钦陵。这时钦陵正与王孝杰为争夺四镇而酣战,赞普以谋叛的罪名首先处置了在拉萨的噶氏家族,继而于698年亲自率兵讨伐钦陵。是年冬,钦陵在青海宗喀兵败自杀,噶氏家族自东赞始长达50余载的政治生涯结束。应该提一笔的是,噶氏家族并未从此绝迹,钦陵的弟弟赞婆及其儿子莽布支(也即论弓仁)先后投降唐朝。武则天封赞婆为辅国大将军归德王(又作归德郡王),莽布支为左羽林大将军(又作左玉钤卫将军酒泉郡公)。莽布支曾奉命与突厥作战,这当是中原王朝任用藏族将领最早的例子。赞婆父子死后,又被分别谥予安西大都护和拨川郡王。其后代子孙又不断有仕唐者,受封食邑,累世不绝。

都松芒保结结束了噶氏贵族专权,并亲征北方突厥,西及唐之陇右,东至六诏地区(即今云南西部),但没有料到抑制了贵族专制,却换来了外戚得宠的局面,吐蕃王国真乃进入了"多事之秋"。其实,综观古今中外历史,举凡嗣位者年幼,如无忠勇廉正之顾命大臣,势必形成后妃外戚专宠的结局。不幸的是,都松芒保结又于704年在亲征六诏地区时死于军中。接着又是一位襁褓中的赞普,王后琛氏的儿子赤德祖丹(汉籍作弃隶蹜赞)嗣位。而末禄氏这位芒松芒赞时代即崭露头角,都松芒保结时代已大权在握的人物,新王赤德祖丹的祖母,此时正式听政了。

末禄氏希图通过与唐朝的再度修好,度过幼主新立这段时间的困难，遂遣使入唐请求和解，得到唐朝应允。唐中宗李显神龙二年（706年），双方划界会盟，历史上称作"神龙盟誓"。中宗又特封雍王守礼之女为金城公主，于次年许嫁吐蕃，并于710年派左卫大将军杨矩护送金城公主入藏。唐中宗亲自率众大臣送至始平县（陕西兴平），颁布远嫁制书，表示唐蕃和平通婚的良好愿望及其重要意义，足见唐朝十分重视这第二次联姻。唐睿宗时，应吐蕃之请，划出河西九曲地（今青海贵南、同德一带）作为金城公主之汤沐邑。不想这块水草丰美之地，竟成了吐蕃蓄粮草、驻屯军队的好处所，为吐蕃在此后不断与唐征战提供了基地。

710～741年，金城公主在藏共计32年，一直为吐蕃与唐之间的和平孜孜不倦地奉献着自己的青春乃至生命。然而双方的统治者却为着各自集团的利益，你争我夺，大大小小的战事不断，和和打打未有止期。可见历史上的和亲，只是在双方为着某种利益达成一致时的一种权宜之计，并非真正意义上的和与亲。

755年，赤德祖丹卒，其子赤松德赞（汉籍作婆悉笼腊赞）继赞普位。赤松德赞系金城公主之子。关于这位在吐蕃王朝时代声名仅次于松赞干布的人物，在民间和史籍中留有一段生动的认母传说：金城公主于兔年生下一个王子，其时赤德祖丹不在雅隆旁塘宫中，待他赶回时，却不见了王子。原来是小王子被纳囊妃喜登抢去，说是她生的，拒不交还给金城公主。其经过是：两个王妃为孩子争执不下，大臣无奈，只好把孩子放在一铺炕上,让两人去抱,谁先抱在怀里,便是谁的。结果金城公主先抱了起来。迟了一步的喜登却一把拉住孩子,拼命争夺。金城公主怕伤了孩子,只得忍痛放手。大家虽然看出孩子是金城的,却惧怕纳囊家的权势,不敢说话。

这样,又过了一年,当孩子举行"迈步"庆宴时,赞普特意把纳囊家的亲友和金城公主的亲友们都请来做客。纳囊家的人手里拿着小孩子喜欢的东西故意引逗着孩子,并说:"快到舅舅的怀中来!"不料小王子却说:"赤松德赞我是汉族的好外甥,纳囊家族怎能当舅舅!"说罢,一下子扑到汉族舅舅的怀中。就这样,金城公主抱回了孩子,而又一代赞普的名字也定了下来。

赤德祖丹时代,最为突出的举措即是兴佛。佛教虽然自松赞干布时开始传入藏卫地区,但大规模的倡导传播则在这时。赤德祖丹曾派大臣桑喜到内地取经,对此《巴协》中有如下的描述(原文大意):

父王(指赤德祖丹)乃派桑喜及其他4人一起捧持函件到内地去求取佛教经典,并下令说:"若遵令完成使命即赐以奖赏,若完不成则杀头!"于是5人启程,来到格吾柳地方的住宿处。

这时,皇帝(指唐皇)御前的大臣布桑旺布手下有一个善卜筮者说:"从现在起,3个月内,将从西方吐蕃地方派来一位菩萨化身的使者。"旺布问道:"他是怎样的人?"答道:"他们的长相和特征是这样的。"说罢便画了一张像。大臣旺布将此事禀报了皇帝。皇帝立刻派使者去迎接,并说:"不要让他们久住那里,给他们以供养,领到我跟前来!"

桑喜等5人如期到达,汉族和尚们持礼迎接,并被引领到皇帝面前,皇帝亦顶礼拜见。桑喜呈上赞普奏函,皇帝接览后,准予所请,并对他说:"你是汉人巴都(一名随金城公主进藏之歌舞伎人)的儿子,留在这里做我的内臣好不好?"桑喜听罢心想:若留在内地,今生固然快活,但是为了使吐蕃地区发展妙善佛法,就一定要把佛佗教义的经典献于赞普手中,然后再向赞普申明此事方妥。于是答道:"皇帝赐官,实感大恩。但是,赞普曾有严令,我若不归,将把我父处死,那会令我十分悲伤的!还是待我返回吐蕃复命后,与父亲商量,再设法前来做您的臣民吧!"皇帝听罢,十分喜爱桑喜,便问:"你想要些什么赏赐?"桑喜说:"若给赏赐,请赐予一千部佛经!"皇帝说:"你到达格吾柳地方猛兽出没的隘口时,未遭猛兽危害,反受其敬养;布桑旺布的善卜者说你是菩萨化身;汉地具有先知的和尚们也向你顶礼,佛佗预言中曾说:在红脸人(指吐蕃人,因高原缺氧,且阳光强烈,故多面颊红润)之城,将出现一个最先宏扬圣法的善知识(按:指'格西',这一称谓始为对精通佛法僧人的敬称,后来成为辩经后取得的学位)。看你的德行,这一预言,定是指你无疑！我就来帮助你吧！"于是赐给了一千部蓝纸金字的佛经。还格外赏赐了许多其他物品。

于是，5位使者踏上归途。一位名叫格雅的和尚，力大无穷，能用网套把老虎拴住并挂起来，且有先知神通。途中遇有巨石挡阻。他帮助砸碎巨石，打通了道路，还告诉他们吐蕃赞普已死，王子尚未成亲，因此，喜黑业（指本教）的大臣毁灭佛法，拆毁寺院，暂时难以推行佛教，并授以回到吐蕃后宏扬佛法的步骤和方法。最后，留住两月，又送出两日之程，方互行顶足之礼而别。

桑喜听到佛寺被毁之事，心中难过，便偕其他4人到五台山庙中求取庙宇和佛像蓝图。来到五台山下时，其中一人不知如何爬上去；一人虽爬到山顶，但一无所见；一人虽见佛寺，却找不到寺门；一人虽见寺门，但觉门为网所封拦，不知如何进去。只有桑喜畅行无阻地进入了寺院，向文殊圣者等所有菩萨和全体阿罗汉献供敬礼，并和他们亲切交谈，同时，将他们的面貌姿态等默记于心，以做日后回到吐蕃时，修庙塑像之蓝图。之后，复出寺庙，山中猛兽皆向之敬礼，并送至山脚。于是5位使者乃回吐蕃。

这则故事显然经佛教徒神化了，但却依据了一定的史实，在藏文史籍《西藏王统记》与《青史》中确有赤德祖丹和赤松德赞父子派人赴内地取经和迎请僧徒的记载。如《青史》载，"王子（赤松德赞）幼年，桑喜往汉地求取经典"，而"唐王赐予大批蓝纸金字的写经。"《西藏王统记》载，赤德祖丹时"自汉地甘肃翻译《金光明正法律分别品》"，"赤松德赞曾依汉法塑造佛像"，等等。

赤松德赞大力扶植佛教，建寺译经，剃度僧人，较之历代赞普表现了更高的热情。其突出的表现是，兴建吐蕃地区最大的佛教寺院——桑耶寺。该寺建于拉萨（逻娑）以南雅鲁藏布江北岸的桑耶地方（今西藏扎囊县北）。大约于767年破土动工，历时12年建成。寺院建筑融天竺、唐和吐蕃3种形式，也即印度、汉和藏3种民族风格于一体，以佛教之理想世界为其结构设计的创作思想，对于须弥山、四大洲、八小洲及密宗坛城等均有所体现。因此，该寺无论在建筑规模、施工精细，抑或建筑创意等方面均大大超过此前陆续兴建于卫藏地方的小寺。而桑耶寺建成后的开光大典，更标志着佛教在吐蕃地位的正式确立。

桑耶寺举行开光大典之时，赤松德赞以及嫔妃、满朝文武并皇亲国戚、属部的首领们均前来参加。大典仪式中最具重要意义的是赤松德赞选出的7名贵族子弟，当场剃发为僧。这是最早的一批藏族僧人，人称"七试人"。自此以后，赞普又对僧人的待遇予以了详尽的规定。如他下令每7户人家赡养1名僧人（又有3户养1名之说），规定了布施给僧人衣、食、纸、墨的数量，等等。而僧人不事生产活动，任何人也不得对他们驱使为奴。这不啻为宣布一个新的特殊阶层的诞生，对于僧人的增加，佛教的广泛传播起到了十分重要的作用。

赤松德赞在倡佛兴佛的同时，致力于王朝内政的建设。藏文史籍《贤者喜宴》中提到的"三十六制"，即六种大法、六大决议、六种告身、六种标志、六种褒贬、六种勇饰等大部分是在这一时期确立的。如"六种告身"，把官职品位的等级严格地规定下来。同时，大力进行修订律法的活动，使吐蕃的官制法律等日臻完备。这一切均是吐蕃王朝发展至鼎盛的标志。

内部初步的安定和发展，吐蕃王朝又有暇外顾。赤松德赞任用尚野息、尚悉东赞、尚赞摩和伦悉诺，所谓"三尚一伦"辅佐朝政。虽曾几次入唐表示友好，更于762年与唐朝达成新的和盟。然而，王室早已看清唐朝因安史之乱，元气大伤，便趁机联合唐周边诸族，如南诏、吐谷浑、党项、回纥等部，大举攻唐。连克兰（兰州）、廓（化隆西）、河、鄯、洮（临潭）、秦（天水）、成（礼县西）和渭（陇西东南）等州，唐之河西、陇西几乎全部为吐蕃控制。763年10月，吐蕃伦悉诺（汉籍马重英）率军直逼长安。唐代宗逃往陕州。吐蕃军入长安，立广武王李承宏为帝。虽然历时只有15天，却充分显示了吐蕃军事扩张的实力，成为藏族历史上的重大事件。自此之后，唐基本上失去了对西南边疆的控制，也无力恢复西和西南方的失地。此后，虽然又有几次和盟（如765年、767年的长安和盟），但均因双方实力悬殊，而终为新起的战事而破坏。最后以783年著名的清水会盟划定唐蕃边界，以唐朝放弃对西域的控制，承认吐蕃对河陇地区事实上的统治而告终。

唐朝趋向中落，而吐蕃也并未再度兴旺。吐蕃在赤松德赞时期政治、军事、经济、文化得以发展的同时，深深地埋藏着危机。

793年唐朝使出了杀手锏，即征收茶税以及限制吐蕃及所属各部的生活必需品的贸易。而唐则为着弥补茶马贸易中大牲畜来源的不足，假手党项以8万匹缯绢换得了吐蕃的6万余头耕牛。这与当代的所谓贸易制裁，通过第三国达到所需物资的进口的目的如出一辙。增收茶税实际上达到了经济和政治的双重目的。茶乃吐蕃及所有以牧为主地区的人们不可缺少的生活必需品。茶的贸易限制必然引起茶需要量颇大的吐蕃等国人民生活的不便、紧张与混乱，而导致政治的不稳定。而受吐蕃控制的小国不得不考虑是否再跟着吐蕃受此牵连，遂开始思唐背蕃。唐朝又推行了旨在孤立吐蕃的一系列具有战略意义的措施，诸如北和回纥，南通南诏，西结大食、天竺等。结果唐与回纥和亲通好，并改国名为"回鹘"；云南之南诏早已不堪吐蕃役使，苛征重调，终于793年降唐；剑南道西山诸羌亦纷纷归降。南诏王还于794年袭吐蕃，取16座城池及俘5王，降10余万众，作为见面礼，正式接受唐朝的册印。大食也因王位更迭，权力落入汉籍所载黑衣大食手中，初与吐蕃交好，曾使吐蕃减去西顾之忧，全力与唐对峙。但不久又发生矛盾，786年黑衣大食第五代王发兵东征吐蕃。吐蕃只得急调兵力，对付大食，唐朝西部危机得以缓解。

从以上吐蕃周边国家的状态，不难看出吐蕃外部已呈"四面楚歌"之势。而内部则陷入重重矛盾之中。连绵不断的战争，令百姓苦不堪言，国力消耗殆尽；上层统治集团围绕着崇佛与灭佛矛盾急剧加深，而外来之佛教与本土之本教间斗争亦趋激烈。对于一个素以宗教治国的国家来说，宗教的斗争，无疑会产生牵一发而动全身的效应，表现为崇佛的王室与奉本的贵族之间、受崇者与失势者之间尖锐的矛盾斗争。《贤者喜宴》中所载伦悉诺因反佛而受重刑的例子就十分明显地反映了这一斗争尖锐的程度。伦悉诺本人笃信本教，他曾是赤松德赞统治集团的核心人物之一，前述"三尚一伦"之"伦"即是他。他是赤松德赞建功立业的勋臣，兴佛伊始，他曾持赞同态度，是同意建桑耶寺的，系盟誓的九大尚伦中的第二人。可是，随着佛教日兴，特别是以僧人为"却伦"（僧相）参与朝政，令他无法容忍，于是他的态度完全改变，变成了坚决反佛的人物。尽管他昔日功名赫赫，曾被赞普颁铁卷，树碑纪功，赤松德赞亦毫不客气地对其施以重刑。足见兴佛与灭佛已非简单的意识形态之争，而是权力之争了。

吐蕃王朝至赤松德赞时期达到了鼎盛时期，却也在这位国王的手中开始了江河日下的历程。790年赤松德赞卒，诸子争立，最终牟尼登上王位，此系吐蕃王朝的第七代赞普。这也是松赞干布死后近一个半世纪中历5代幼年嗣位赞普后，第一个成年即位的赞普。由于前5代赞普幼年即位，照例由贵族辅政，或王族用事，若"伦"；或后妃所属之外族专权，若"尚"

（舅）。所以，每当赞普成年执政时，总要爆发一场权力之争。自牟尼之后均为赞普成年即位执政，本该有所作为，却由于吐蕃社会矛盾激化，民穷财尽，朝廷与边将、王族与外戚、佛与本之间互相倾轧，明争暗斗，王权事实上已形同虚设，预示着吐蕃王朝已经接近了它最后的时日。

牟尼赞普即位伊始，便对社会上的财富不均深恶痛绝，于是连续3次下令均财富，强令贵族分出财产接济穷人。他的均产主义思想虽然具有令人慨叹的先进性，却严重地触犯了王臣贵族及领主们的根本利益。而最为严酷的是，这位锐意改良的赞普只在位一年有余，便被自己的生身之母毒死了。这位名叫次绷的母亲应该说是迫于外族集团的压力，采取了这一残酷的手段。而后，次绷在赞普供养之近侍僧娘·定埃增的支持下立牟尼之弟、次绷氏之幼子赤德松赞为赞普。这里应该说明的是，在牟尼赞普死后，其二弟、藏史称穆底赞普（菊之赞普）者立，旋即为仇家所杀。这之后方有再立赤德松赞之事。这位赞普重要的作为是确立了师僧至高无上的地位。其父赤松德赞曾以僧为相，称之为"却伦"。在那时的兴佛证盟的盟文上，只有属部首领和吐蕃全体臣工的署名，"却伦"等僧众因系受保护的一方并不署名。可是，到了赤德松赞时代，自继位起立即处处师事在夺取王位过程中立下汗马功劳的娘·定埃增。遵照他的意见，为稳定内部，与各方势力举行君臣盟誓。或许是"投之以李，报之以桃"吧，他的兴佛盟誓中，赞普的师僧诸如娘·定埃增等不仅参加署名，而且列在文武百官之前，并题以"平章政事"这一最高的职务。这不仅表明了赞普令高僧参与执掌吐蕃政权，而且地位高于王族和外族诸权贵，事实上他们的位置已上升至代表赞普的全权执政者。所谓"平章政事"，藏语称作"钵第伽阐布罗笃波"，简称为"钵阐布"（又译钵掣逋）或"钵第"。当时除娘·定埃增外，另有勃阑伽·云丹，仅此二人获"钵阐布"之殊荣。他们也的确为巩固王朝，以及在"组织蕃僧和梵僧，将梵文佛典译为藏文，统一译例，厘定词语，编成目录"（见《藏族简史》），促进文化发展及藏文规范化等方面作出了贡献。

804年赤德松赞卒，其弟定赤即位。定赤赞普执政期间，由于唐蕃之间有佛教僧人斡旋，又出现了和平的局面。《西藏王臣记》云："汉和尚与藏地译师及班智达居间婉言调停甥舅关系，言归于好。"作为友好的表示，双方互放此前扣押的人员，如唐朝放还吐蕃"生口"17人，吐蕃亦放还平凉结盟时被劫后死于吐蕃的郑叔矩、路泌的遗体（灵柩）及郑叔矩之子文延等13人，同时表示愿意归还秦、原、安乐三州。定赤赞普时期，一直与唐交好，并岁岁派贡使入朝。815年定赤卒，其子赤祖德赞（又名赤热巴金，汉籍名可黎可足）继赞普位。

赤祖德赞继位后仍大力推崇佛教，师事前述两位平章政事，并继续发展与唐的友好关系。赤祖德赞的另一个名字赤热巴金，源于他事佛时的举止。他是个佛教迷，诸事均委于喇嘛，而自己则专心礼佛。传说他在喇嘛讲经时，喜欢端坐在中央，把头发分梳成两条辫子，每条辫子上都系一条长长的绫带。然后，将绫带铺向两侧，让喇嘛们分坐在上面。于是便有了热巴金的名字，"热巴金"的汉语意思是梳辫子的人。

这位赞普留世的业绩当首推"长庆会盟"。吐蕃与唐朝自松赞干布起至赤祖德赞100多年，不知有大大小小多少次的会盟，然而唯此次会盟历时最长，规模最为宏大，意义也最为深远。821～822年，双方互派专使，分别在长安、逻娑（拉萨）会盟。823年唐蕃分别于各自的京师立碑纪念。吐蕃当时立的《唐蕃会盟碑》，至今仍屹立于拉萨大昭寺前，石碑上以藏汉两种文字铭刻着两个民族间的兄弟情谊。此次会盟之后，的确结束了长期的纷争，开始了真正的友好往还。遗憾的是，吐蕃王朝和唐王朝此时均已开始走向衰落。青藏高原上的吐蕃王朝作为藏族历史上的鼎盛期正在走向衰落，而中原历史上封建社会的盛世——唐朝也已处在日薄西山之时。它们之后的300多年中，无论中原，还是西藏，均处于分裂、割据的状态，直到有元一代的统一。

吐蕃王朝的最后一代赞普达玛（即郎达玛）于838年其父赤祖德赞被大伦结都那弑杀后即位。达玛是吐蕃最后的一个，也是最糟糕的一个赞普。他荒淫无道，不理朝政，一切听命于大伦结都那，然而结都那却是个阴险的家伙。赤祖德赞晚期，因怀疑两位钵阐布在王妃和王室的支持下企图篡权，便转而让大伦结都那执掌朝政。这种转变便引起了权力之争。而工于心计的结都那采用了离间赞普与钵阐布的策略，在赤祖德赞面前诬告王妃和钵阐布勃阐伽·云丹通奸，假赞普之手逼王妃自杀，然后又将云丹治罪处死。最后，他杀死赤祖德赞和另一位钵阐布娘·定埃增。他看准了达玛是个昏庸之徒，便立其为赞普，为的是大权独揽。达玛即位后，整日花天酒地，不理朝政，这正中结都那下怀。偏巧，吐蕃地方瘟疫流行，旱涝交作，农牧业损失惨重，人民苦不堪言。结都那趁机造谣生事，把天灾人祸一股脑儿归咎于兴佛，认为只有灭佛才能使人畜平安，重振朝纲。事事听任结都那的达玛成为急先锋，他下令封闭吐蕃全境的所有寺院，捣毁佛像，逼迫僧人还俗，强制他们去当屠夫和猎人，以破戒杀生。这就是历史上有名的朗达玛灭佛。"朗"是牛的意思，是后世佛教徒对达玛的蔑称。民间还有"长角的国王"故事传世。说是达玛由于干尽了坏事，所以神让他变得丑陋无比，头上长出角来。而替他梳头的人却不能说丑，而且凡是知道他头上长了角的人都遭杀害。他偶尔出行也总是把髻梳得高高的，为着遮丑。

经过达玛灭佛，吐蕃境内佛教寺院均被关闭或捣毁，僧人全部被遣散。近两个世纪经数代赞普苦心经营，无数高僧大德付出巨大心血弘扬的佛教在吐蕃近乎烟消云散了，此即藏传佛教前弘期的结束。而作为佛教史上千古罪人的达玛仅在位4年，于842年在拉萨近郊叶尔巴地方被一名居士用箭射死。而恶贯满盈的结都那也随后为王后执杀。从此，吐蕃地方再无统一王朝，在嗣后的4个世纪时间里，吐蕃一直处于四分五裂的状态。

4 宗教、文化与艺术

藏民族与蒙古族均信奉藏传佛教。藏传佛教源于印度和中原传入的佛教，但它又绝非简单地照搬了佛教的所有教义、仪轨，等等。事实上，它是在学习和借鉴佛教的基础上，融入藏族原始宗教——本教有益的营养之后，又形成的一种既有别于印度、中原佛教，又不同于藏族原始本教的一种宗教，称之为藏传佛教。也正因为融入本民族原始本教的部分仪轨，才使之不断得到发展、兴旺，才得到藏民族人民的认可，成为全民信奉的宗教。而达玛灭佛，并不是偶然发生的，应该说有其深刻的历史与文化原因。聂赤赞普（第一代赞普）执政之前，本教已经存在了，而且在人民的生活中占有举足轻重的地位。只是自聂赤赞普起，它开始登上了政治舞台，获得了辅佐朝政的殊荣。而且延续了10余个世纪，至松赞干布开始礼佛之初，它仍继续在政治舞台上占有一定的地位，而在寻常百姓中则占据主导地位。随着赞普的更替，佛教地位日盛，而本教则日渐衰退。本佛之争也愈演愈烈，至达玛灭佛则标志着达到了顶峰。作为统治者的赞普们兴佛、灭佛自有其巩固权力与地位的需要，但作为一种文化的引进，接受双方的变通则是必需的。从这个角度来看，作为前弘期的佛教，在引进时是否少了变通？而本教方面也少了吸收与兼容的"肚量",致使两种文化只有冲撞,而少有融合。结局是两败俱伤,兴佛的赞普与灭佛的赞普均没有得到正果。然而,文化先行者的历史功绩是不容抹杀的,也正是有了他们惨烈的献身,才得到了后弘期的发展。作为当代人不能不为藏民族的先贤们在吸收外来文化,融汇出本民族独具的文化方面所作出的贡献慨叹不已。后弘期中,各派宗师也正是吸收了前弘期的历史经验,融汇佛本之长,创造了独具特色的藏传佛教,才使佛教在青藏高原上生根发展,在相当长的一段历史时期里为藏族社会与文化的发展作出了积极的贡献,为世界文化宝库增添了一份宝贵的财富。

本教 为了溯本求源的需要,还是让我们从藏族最古老的原始宗教信仰——本波教说起。本波教,一些著作又写作苯波教,简称本教。事实上用"本"字,无论音、义均较为妥帖。

本教是藏区一种古老的本地宗教,王森先生在归纳其功用时认为:它"以占卜休咎,祈福禳灾,以及治病送死,役使鬼神等事为其主要活动"。这样看来,它与遍存于世界许多民族中的原始宗教有着大致相同与相通之处,特别是与中国北方游牧民族,如蒙古、满等民族的萨满教十分相似,同属于信奉万物有灵的宗教,学术界又称之为灵气萨满教。据史载,本教源于象雄(香雄、羊同,今西藏阿里为其主要部分)地区,同时在象雄临近西部地区的巴基斯坦、伊朗(古波斯)盛行祆教(拜火教),与象雄的本教接近,其中存有渊源关系。但究竟谁是源，谁是流，则需进一步研究。

在原始本教的观念中，把世界分作"天"、"地"和"地下"3个部分，天上的神藏语称作"赞"，而地上的称为"年"，地下的称作"鲁"。这很自然地使我们想到了"赞普"，汉意可译为国王，但是本意则可理解为天神下凡的王。关于藏族第一代赞普聂赤赞普，也即"颈座王"在民间就传说是天神之子下凡，他是由一个天梯上走下来，而迎接他的12个人，有系牧人的说法，也有系12个本教徒的说法。当他去世后，即完成人间业绩，又从那天梯返回天界。据说在他之后的6个赞普都是从天而降，又返回天界的，那个梯子一直存在着。但是，到了止贡赞普时，就是前述那个自命不凡，四处寻衅比武的昏君，因是在与罗昂比武时被杀死，天梯割断，便只好土葬在人间。受他的连累，天梯断了，此后的赞普们就都在雅隆河谷找到了自己死后的安身之地，而藏族也从此有了土葬的习俗。然而，土葬并不意味着他们死了，而是到了另一个世界里，过另外的生活。所以，又有殉葬与牺牲。殉葬除有牲畜外，与赞普结成共命的大臣，一般五六人，赞普死后，他们也要自杀，大概是王不可须臾无臣。本教的丧葬仪式十分复杂，由专司丧葬的本教巫师执行。藏族的土葬形式后来逐渐废止，改为天葬、火葬、水葬或其他葬法。这似乎是与佛教的兴起，本教的衰落有关，因为佛教是戒杀生的。大概为了慰藉人们的传统观念，他们不杀生，而是以牲畜或人的偶像，如木刻的牛羊、糌粑酥油捏的各种物事代替。

从以上的传说及习俗的变化不难看出，所谓神由天降等自然是本教借天自重之说，而丧葬的规矩却正应了本教关于世界分作3个部分的认识，赞普自天而降，君临地上人间，天梯在时重返天界故得正果，即使回不到天上，进入地界亦同样君臣一堂，牛羊满山，做他的王，享人世般的富贵荣华。

本教自聂赤赞普时代始一直起着辅佐朝政的作用，如"本伦"等。由于本教巫师介乎神与人之间，天与地靠他们来沟通，所以，赞普也要敬畏三分，遇事总是要听他们的见解。所以，他们是常常左右朝政的无冕之王。据史载，自聂赤赞普起至第26代赞普，均用本教来协助管理国家事务。即使是第27代陀朵里赞普之后（一说佛教自此王时代传入），特别在松赞干布之后诸王开始大兴佛事，本教仍旧在朝政方面有其影响作用，吐蕃宫廷中一直存在的"敦那敦"一职，专司占卜工作，于赞普左右，在关键的时刻仍然有着举足轻重的作用。而朝廷上下笃信本教的人不绝如缕，赤松德赞力倡佛教，其后数代赞普几乎没有寿终正寝者，赞普的立废、生死直接标志着佛本斗争的成败。直到八九世纪，达玛灭佛固属权力之争，但都少不了本教徒或明或暗的支持。此后由于佛教的再度勃兴，本教开始衰落，却始终没有灭亡。

本教这一古老的宗教，在漫长的历史中经历了大起大落的发展历程，它之所以能够存在下来，就是因为它在不断地顺应时代的发展变化而变化。据《土观宗派源流》归纳,历史上大致分为3派,即笃本、伽本、局本。事实上这也就是本教发展的3个阶段。

笃本派 大约产生并活动于聂赤赞普至第6世赞普赤德时期。在记叙这一时期本教的活动时,土观讲述了一则神话:在"卫部翁雪纹,有名叫辛氏家族的一个童子,年十三岁,被鬼牵引,走遍藏地,到了他二十六岁时始进入人世。由于非人鬼类的力量,故说什么什么地方,有什么什么鬼神,它能作如何如何的祸福,应当这样的供祀,或作禳祓送鬼等术,始能效云,就这样便产生了各种说法"。这则神话说明了本教的产生及其功能。它仍处于那种"上祀天神,下镇鬼怪,中兴人宅"的初级阶段。

伽本派 其盛行时间大致为止贡赞普时代始,至吐蕃王朝的中后期,也即公元前1世纪末至公元7世纪末左右,700余年的时间。《土观宗派源流》称,止贡赞普时,"藏地的本教徒还无法超荐凶煞,乃分从克什米尔、勃律、象雄等3地请来3位本徒来超荐凶煞。其中一人行使除灾巫术,修火神法,骑于鼓上游行虚,开取秘藏,以鸟羽截铁,显示诸种威力。一人以色线、神言、活血等作占卜,以决祸福休咎。一人则善为死者除煞,镇压严厉,精通各种超荐亡灵之术。"这段描述实际上是巫师作法的3种类型。说明伽本派初始阶段,藏区(吐蕃)还没有所谓法力高强的巫师,所以"这三人未来藏以前,本教所持之见地如何,还不能明白指出",意思是说,当时也没有形成本教的一套理论。但是,在最后,该书写了这么一句话:"此以后本教也有了关于见地方面的言论。据说伽本乃溶混外道大自在天派而成的。"这显然是指伽本派发展至中后期融汇佛教的部分仪轨逐渐成为人为宗教的变化。若说巫师，吐蕃地区该是早已有之，本书提到的"却伦"就是赞普左右的巫师，但是，他们应该属于原始灵魂崇拜，或者说是自然崇拜的巫师。土观大师的最后一句话应该是指：随着社会的前进，本教也在不断地变化，逐渐由自然宗教发展成人为宗教，开始有了理论建树。

局本派 它大约形成于吐蕃王朝的中后期，也即公元7世纪末、8世纪初。"局"，意思是"翻译"、"改变"。顾名思义，系指本教徒大量学习借鉴并翻译佛教经典，改造佛经为本经的阶段。土观认为该派经历了三个阶段：前期局本，系一穿绿裙子的班智达把一部分佛经悄悄地埋在地下，然后自己再去挖出，作为"伏藏"，加入些本教内容传播。中期的局本，则是在赤松德赞时期，下令本教徒或皈依佛门，或还俗，不然则驱逐出境。当时有个名叫杰卫绛曲的人，本已皈依佛门，却不思进取，受到赤松德赞的处罚，他为此耿耿于怀，便与一伙本教徒联手，把一部分佛经改译成本教的经典。赤松德赞知道以后，下令若有擅改佛经为本经者杀无赦。为此事许多本教徒遭受株连被杀，幸存者便将尚未来得及译完的经典，偷偷地埋藏在山洞里。后来风声过去，才挖出来，改译成本教经典，遂成为本教特有的伏藏法。至后期，达玛灭佛之后，藏地（指后藏，今日喀则一带）娘堆地方人辛古鲁伽，在卫地（指前藏，今拉萨一带）本教的胜地达域卓拉，则公开地、大量地改译佛经为本经。诸如把《般若十万颂》改为《康勤》，《般若二万五千颂》改为《康穹》，《瑜伽师地·抉择分》改为《本经》，《五部大陀罗尼》改为《十万黑白龙经》，等等。改写的过程中，加入了本教的名相、术语与诠释，以区别于佛教。这以后，他又把改好的经卷，埋藏于错昂哲邬穹的山下。过了一段时间，作为伏藏挖出来，它们便堂而皇之地成了本教经典。对此，佛教徒的著作颇有微词。但从另外的角度来看，本教作为一种文化事象，在社会变革过程中顺应时势，求得生存和发展。吸收、融会新机，另图发展，亦是文化选择、整合机制运行的正常现象。也正因为如此，本教才没有灭绝，而是继续得以发展存世，直至当代。其实，佛教为求在藏区的生根发展，也同样吸收了藏族人民传统文化，包括本教在内的有益营养，才有了再度复生的可能。从文化发生发展的角度来看待佛本之间的关系则可得出公正的结论。藏传佛教格鲁派高僧土观大师在他的《土观宗派源流》一书"本教源流"节的结束诗中，把佛本之间的关系及世人对佛、本的态度说得十分透彻明了：

　　佛与本是矛盾的一家，
　　佛中掺本，本中亦杂佛，
　　如我不具出尘的法眼，
　　懒于去分辨他们二者的差别。

> 有人口头虽然骂本教，
> 但遇到紧要的时候，
> 又到占卜家前去请问祸福休咎。
> 如本徒一样喜爱凝视法，
> 希望本徒的禳解法术有效，
> 心里考虑的是现实事务，
> 就这样忙忙碌碌哪有空暇之时
> ……

藏传佛教 在前宏期中，由尼泊尔、印度和唐朝传入的佛教，经松赞干布的倡导，至赤松德赞时期盛传，历经佛本之争，顿悟与渐悟之辩，显密之争等，在藏区事实上形成了佛教僧人参政的局面，而教派之争的胜负，诸如顿悟与渐悟之辩以后主张顿悟的汉僧退出西藏，禅宗的影响却依然存在，所以在总体上没有影响佛教所占据的主导地位。只是至达玛灭佛，才使佛教受到了致命的打击，随着寺院或被拆毁，或被封闭，僧人四处逃散，盛极一时的佛教在西藏地方几近烟消云散。西藏佛教史上的前弘期结束。

达玛灭佛，采取肉体上的消灭，物质上的破坏，却无法消除意识形态领域里的影响。原来笃信佛教、修行在家的居士们在这场灭顶之灾中得以幸存，而携带经卷四处逃散的僧人亦大有人在。据史载，曲卧日山就有3位高僧逃至朵表（今青海安多地区）。有青海河源地区的贡巴饶色跟随他们出家，又有鲁梅家族的楚成喜饶等10人由吐蕃逃出，依贡巴饶色学戒。由于贡巴饶色在灭佛后率先传扬佛法，受到佛教人士的尊崇，称之为拉钦·贡巴饶色，即贡巴饶色大师。鲁梅·楚成喜饶等回藏后，"建立道场，普传戒律，使佛教的余烬，从下路（指今之甘肃、青海藏区）又重新复兴起来，开佛教再宏之端。由此渐次弘传，便卫藏诸地，僧伽遍满，讲解实修，蒸蒸日上。"（《土观宗派源流》）正因为拉钦·贡巴饶色和鲁梅·楚成喜饶等人在复兴藏地佛法过程中的卓越贡献，他们的业绩被载入史册，世代僧众感恩戴德。

此外，从上路（指今西藏阿里地区）也有部分大德从事复兴佛法的事业。古格王德祖衮之子耶协畏曾派译师仁钦桑布去印度学法，他翻译了许多显密经藏，同时在树立纯正之佛教，驱逐传布邪行（大概指本教徒）者的活动中均颇有建树。《青史》作者桂·熏努白曾予以高度评价："在藏地后宏密法的昌盛，远胜前宏，皆此译师之力也。"在派出人员学习的同时，喇嘛耶协畏还曾躬请印度大班智达法护及其高徒妙护、德护和智护来藏传经。

吐蕃王朝灭亡后，卫藏及原吐蕃控制地区虽然处于分裂状态，却为佛教的复兴与发展创造了条件。犹如中原春秋战国时代诸子百家异彩纷呈一样，一时间，教派林立，各种不同的宗派如雨后春笋般遍布青藏高原。后弘期的藏地佛教，由于广泛吸收了本教的有益成分，虽然与印度和中原汉地的佛教同属同宗，却具有了藏地的特色，这是在新的历史时期里，顺应历史与文化发展的产物。因此，后弘期的藏地佛教俗称喇嘛教，或称藏传佛教，以示区别于印度、中原汉地之佛教，也区别于前弘期的佛教。藏传佛教可分为如下几个大的教派：宁玛派、噶当派、萨迦派、噶举派以及形成较晚的格鲁派等。而一些教派中又分有不同的派系分支，如噶举派又分作香巴噶举、达布噶举两个派系。派系之下又有更细小的支系，如达布噶举又有9个支系，即迦玛、帕主、蔡巴、止贡、主巴、达隆、鲍绒、亚桑和超浦噶举等。

　　萨迦派和格鲁派是与蒙古族直接发生过密切关系的两大派，为此，这里略作介绍。

　　萨迦派　系因其发祥地——后藏仲曲河谷的萨迦而得名。其创始人是贡却杰布（1034～1102年）。据说他是吐蕃贵族昆氏家族的后裔。佛教史籍称昆氏家族"是从光明天下谪的，有基仁、裕仁、裕舍为天神二昆仲，直至雅邦吉间，称号为天神种族。雅邦吉罗刹贾仁茶麦收其妇雅主斯勒为妻，生一子，因此子是罗刹与怨仇相结中所生，遂名为昆坎吉（仇中生）。从此以后世世代代的苗裔遂称为昆族"。贡却杰布师从卓弥·释迦意希。卓弥曾赴印度学习佛法多年，返藏后建寺收徒，传授他在印度修成的密法——"道果"。贡却杰布系居士出身，其家族原奉宁玛派，后因拜卓弥门下，学习"道果"，可能是另有所悟，便于1073年在萨迦地方修建萨迦寺。这样萨迦既是地名、寺名，又是教派的名称了。萨迦寺不是实行活佛转世制，而是以家族世袭传承。萨迦派传至贡却杰布之子贡噶宁布时才真正形成了体系完整的教派。因为他对萨迦派作出的卓越贡献，被该派尊为五位祖师之首，称作萨钦。贡噶宁布的四子白钦诺布没有出家，其长子随其三伯父扎巴坚赞出家。贡噶宁布寺主位先传于二子索南孜摩（长子在印度学法时染瘟疫而死），后扎巴坚赞继任寺主。后传于上述四弟白钦诺布之长子，即萨班·贡噶坚赞（1182～1251年），也即是历史上有名的萨迦班智达。

萨迦派发展至萨班时期，已经在西藏拥有了较强的实力，因其独具的世袭制，事实上已在萨迦地区形成了一种集政治、经济、宗教于一身的割据势力，一种"政教合一"体制的雏形，在卫藏地区有着较大的影响力。萨班自幼聪颖好学，年轻有为，被人尊为精通五明的"班智达"。他精通多种语言，在佛法方面，不仅对自家教派有精深的造诣，同时对其他教派的学问亦有深刻的领会。此外，他在哲学和文学方面也表现出不凡的天赋，所著《萨迦格言》，可以称之为藏族封建社会的至理名言。正是由于萨迦派所具有的政治、经济、宗教等方面的实力，加之萨班的学问人品在卫藏地区的广泛影响，元代蒙古族统治者才选定了萨迦派和萨班，作为控制藏区的教派和代表人物。自萨班始，蒙藏两个民族才有了可谓"官方"的正式接触，两个民族文化关系揭开了具有划时代意义的一页。

格鲁派 兴起于15世纪初叶，它是西藏诸教派中最后发展起来的，但却是影响最大，历时最长的教派。至14世纪末，西藏诸教派大部分越过了它们的极盛期，"由于戒律废弛，僧人腐化，出现了'颓废萎靡之相'，换言之，即一些原来占统治地位的教派渐渐丧失民心，走向衰落"（《西藏佛教史略》）。宗喀巴(1357~1419年)就是在这样的背景下，举起了"宗教改革"的旗帜，创立了格鲁派。宗喀巴原名罗桑扎巴，生于今青海湟中县。湟中及西宁在吐蕃时期被称作宗喀。人们为表示对他的尊敬，称他为宗喀巴，久而久之，宗喀巴就成了他的名字。另外，又尊称杰仁波且（意为宝贝佛爷）。

宗喀巴3岁时，伽玛噶举黑帽系四世活佛乳必多杰在去北京途经青海时，给他授了近世戒，法名贡噶宁布。7岁时出家，在噶当派的甲琼寺师从高僧顿珠仁钦，受出家戒和沙弥戒，法名罗桑扎巴。自此，他学经9年，学习了多种显密宗法，为他此后的学习和成名奠定了扎实的基础。16岁时进藏，开始在宗师顿珠仁钦的母寺拉萨西南部的第瓦中寺。两年后，约在1375年，去萨迦寺从著名的仁达瓦·熏奴罗追学习应成中观派理论。宗喀巴入藏后的头10年主要学习显宗；尔后又钻研密宗，从师于布顿·仁钦朱的弟子却吉贝；1385年，他在雅隆的南杰拉康寺从楚逞仁钦受比丘戒。总之，宗喀巴在藏用了不足20年的时间，系统地学习了西藏显密诸派的教法，与各派人士广泛接触，切磋佛法，逐渐形成了一套完整的体系，为佛教的改革、创立新的教派做好了充分的理论与实践的准备。约在1388年开始，宗喀巴戴出"班霞"，即一种桃形尖顶的僧帽。这种黄帽，此前只有主张戒律严明的拉钦·贡巴饶色和卡切班钦·释迦室利戴过。这显然是一种标志,也是一个信号。它预示着一个重戒律修行的教派开始登上藏族佛教的圣坛。进入15世纪后大约10年间,宗喀巴利用讲经和著书立说来对藏传佛教进行全面的"改革"。他用两年的时间,在他45岁(1402年)时完成了《菩提道次第广论》,49岁时又写成了《密宗道次第广论》。这两部著作即是一个新兴教派——格鲁派的理论基础。宗喀巴不仅著书立说,而且招收门徒,四出讲学。由于他学识渊博,并熟谙藏地宗教诸家的观点,而他的理论也博采众家之长,且上升到相当的理论高度,各派虽观点不同,却折服于他的道行,给予了支持。如当时噶举派的帕竹政权就给予了全力的支持。尽管宗喀巴当时仍然属噶当派,因其所具有的号召力,帕竹政权十分重视,在阐化王(明代赐封)扎巴坚赞、内邬宗宗本喀桑布等人的支持下,于1409年藏历正月在拉萨召开了有各教派僧人万余人参加的一次著名的祈愿法会,也即传召大会。法会之后在帕竹贵族仁钦贝、仁钦伦布父子的资助下,在拉萨东北方兴建了甘丹南结林,也即著名的甘丹寺。它也是传世的格鲁派三大寺院(另有后建的拉萨的哲蚌寺和色拉寺)之一。至此,格鲁派正式创立。宗喀巴原属的噶当派,亦随之加入该派。由于宗喀巴及其教派僧人一律戴黄色僧帽,所以,藏族称之为"黄帽派",汉族及清代文书中亦有"黄教"的称谓。

格鲁派一经建立就迅速发展,至1419年宗喀巴圆寂时,僧众已达数千人。此后在其嫡传弟子(如贾曹杰、克主杰等)的弘扬下,格鲁派遂遍布全藏区,占据统领藏传佛教的地位,并越过民族界限传至蒙古族地区。而具有重要意义的是蒙古族俺答汗与索南加措的会见,这是在宗喀巴去世159年后的1578年5月在青海湖东面的仰华寺举行的。这次会见之后,藏传佛教开始在蒙古族地区广为流传,并在蒙古族文化史上留下了深深的印迹,成为蒙藏文化交流史上的重要组成部分。

文化与礼俗 藏族文化除卫藏地区的土著文化外,又广泛吸收和融入了氐羌文化、北方草原文化以及南方农耕文化,乃至印度、尼泊尔及东南亚等毗邻地区民族的文化,呈现一个复合的多元文化体。它是由藏民族世世代代勤劳智慧的人民和本民族精英分子共同努力创造的独具高原民族特色的文化。其中与印度、中原佛教同源异流的藏传佛教固属典型代表,而藏族语言文字、民间习俗、医药卫生及文学艺术等方面也均有其独具的文化特色。

语言文字 藏族史籍《贤者喜宴》中这样写道:"松赞干布想到,对藏族而言,不能依靠其他地区文字,而需要自己之文字。于是,即派遣众多的智臣前往天竺,但学习文字一事未能如愿以偿。此后松赞干布又派遣16名智臣,给以黄金,命令他们前往天竺学习文字。然而,他们当中有些被魔鬼所阻未能前去;有些因酷热而亡;有些因不懂天竺语言而返回吐蕃。后……松赞干布降旨,授予吞米桑布扎黄金、财物等,遣往天竺。""此后,吞米桑布扎携带大乘佛典等返回吐蕃,吞米模仿纳噶热及迦升弥罗等文字,在玛荣宫内创制字形，仿照神字连察体作楷体字，以瓦都龙字作草书。"这是关于7世纪时松赞干布下令创制藏文的记载。为了推广文字，吞米桑布扎这位语言大师著有《声明学》、《藏文三十颂论及相转论》等语音学著作。传说松赞干布曾带头潜心学习新创制的藏文三载有余，遂使藏文得到广泛推广和使用。至9世纪初叶赤祖德赞时期，约在826~827年，为了适应语言文字规范化的需要，又进行了一次文字改革，从而达到了"厘定文字，对古代诸难懂之词予以舍弃，以合于地区、时代和易懂宜诵为准"。自此以后，千余年来，藏语、藏文一直较为稳定，不断发展。至13世纪中叶，藏传佛教萨迦派高僧八思巴还曾答应元世祖忽必烈的要求，依据藏文字母的字形与读音，为蒙古族创造了一种文字，史称"八思巴文"。

民间习俗 每个民族都有着具有鲜明特征的民间习俗。藏民族是一个全民信教的民族，其信仰由原始本教发展为藏传佛教，在长期的生产和生活实践中，基于对自然和世界的认识，围绕着宗教信仰，也形成了一系列的习俗。

（1）原始古老的龙、年、土地神崇拜。龙神崇拜源于古老的图腾崇拜，后来成为本教徒膜拜的神祇。本教认为龙神类的动物包括鱼、蛇、青蛙和蝌蚪，等等，它们并不似汉族所崇信的龙的形状，而被说成长有各种动物头形，如狮、熊、兔、马、牛、羊、猪等。另外具有人身，但肯定是要有蛇尾和鱼尾的一种"动物"，"飞起来是虫，落下来则是蛇"。但是，龙神所具有的本领却与汉族及其他少数民族的龙大致相同。它能够赐福，也可以降灾。稍有不同的是，藏族的龙神多为女性，据说吐蕃时代的赞普们多是娶龙族之女为后，这就是所谓天神与龙女的婚姻，因为"赞普"一直被认为是天神下凡的。据文载，只是到了大约第26代赞普托托日弄赞时方与凡间臣民通婚。而本教认为：本教的祖师幸饶米波就是与龙女婚配的，还生过一个叫贤色居的女儿，因此，在雍仲福祉所至的地方，从此不再出现龙神危害生灵的事了，人间变成了风调雨顺、人畜平安、五谷丰登的宝地。

对龙神的祭祀活动十分隆重，且季节性很强，据《十万白龙经》记载，"冬月北斗星升起的十五日是龙入睡的时间"，而"夏三月中头一个月的十五日是龙睡醒来的时候"，自然是在夏之月第一个月的十五日祭祀才是最佳的时间了。这与作为龙神的动物所具有的属性和藏区农事活动的节气有着直接的关系。

据格勒先生考证，"年神最早可能是古羌人的羊图腾。藏语中'年'包括两层意思：一层指瘟疫等传染病；另一层意思是指羱羊，一种似羊的野牲。新唐书上所谓'其俗重鬼右巫、事羱羝为大神'大概的就是指对这种动物的崇拜"。随着社会的进步，"图腾崇拜变成了自然崇拜，出现了山神为年神的情况"。这一解释是颇有道理的。年神又是个十分暴虐的神，发怒时，它可降下雪、雹等灾害，还是年病（瘟疫）的制造者，人们不可稍有怠慢。所以，自古至今，人们对它小心翼翼，顶礼有加。又因为传说它附体于大山之上，经常活动于高山峡谷之间,所以,人们在途经深山峡谷时,在岔路口或转弯处,便会发出一声呼唤——"拉嗦",或是口中不停地念诵祈祷语句,或者捡一块石头放在一个固定的地方,相当于一个简陋的祭坛,你来我往,便会堆成一个或大或小的石堆,藏族称为"玛尼堆"。有趣的是,拜山神(年神)本系本教早期的事象,却在佛教兴盛起来之后,仍旧延续下来,至今人们念出的是佛教的六字真言:唵,玛,尼,白,玛,哄!玛尼堆也如小山样堆积起来,在许多地方甚至有用石头砌成石基,在石基上书写着醒目的六字真言。传说,当佛教兴起之时,这些山神着实地反了一阵子,藏地顿时天灾人祸连绵不绝,后来赤松德赞请来莲花生大师用法力才镇压了下去,从此,山神们皈依了佛门。这自然是佛教徒附会的故事,却从另一个方面揭示了藏传佛教系融汇了许多本教内容形成的一种藏地特有的佛教。山神如是,本教原有的许多神祇也成为藏传佛教的神祇了。所以,对于社会最底层的百姓来说,并不太在意是属于哪种教派的神,只要是神,人们就会顶礼膜拜。顺便举一个例子:在藏区,有时会遇到有两个玛尼堆并列于山顶的一小块平地上,但分别属于本教和藏传佛教两种不同的宗教。人们习惯在玛尼堆上加了石块之后,还要转上数圈(根据个人祈求目的不同,圈数也不同)。藏传佛教是按顺时针方向转,本教却是逆时针的方向。聪明的人们想出了一个两全其美的做法:先按顺时针方向转藏传佛教的玛尼堆,然后再折向本教的玛尼堆,在两个堆中间不断地绕 8 字。这样两个玛尼堆都转到了,两教神灵满意,祈祷者也如愿以偿,真乃皆大欢喜!

由于崇拜龙神和山神,在青藏高原上就出现了数不胜数的神山和神湖,因为人们认为某个神祇附在山、水中,又有某个天界下凡的英雄寄魂其间。最为有名的山和湖就有阿里地区的冈底斯山与玛旁雍措湖,藏北地区的念(年)青唐古拉山和纳木错湖,青海的玛沁雪山和青海湖,等等。造物主竟在青藏高原上把大山与大湖搭配得如此完美,简直就是天造地设,由不得你怀疑神灵的存在了。时至今日,转山转湖者仍络绎不绝,一般的是徒步行走一圈,最虔诚者则是要磕着长头(即五体投地,全身匍匐)绕上 13 圈才算圆满。绕山绕湖少则数月,多则一两年,许多人就死在这转经路上,足见信仰的力量了。

由神山神湖的崇拜,令人想到文化发生学的原理,特殊的地理环境确实是产生特殊文化的重要原因之一。社会历史条件固属文化产生的根本原因,但是青藏高原特有的地理地貌,为孕育出藏民族特有的本教和藏传佛教亦作出了贡献。

土地神,藏族又称作土主。土地神信仰与汉族和其他一些民族的土地神崇拜几乎是相同的。诸如在春耕开始之前,人们要进行烟祭,并撒些青稞在地上,意思是我们将开犁动土,祈求土地神保佑一年平安,五谷丰登。不同之处在于藏族传统观念中认为土地中不仅有土地神,而且有恶鬼,是必须防范的。格勒先生在他的著作中曾援引了霍夫曼在《西藏的宗教》中的记载：人们认为"在土地上有土主和可怕的恶鬼，这是一种和吸血鬼一样的动物，专喜欢吃小孩子"。由此，格勒先生联想到藏族后来采用天葬而不用土葬的原因，这是有道理的。藏族主要的丧葬方法是天葬或火葬，俗人主要是天葬，而僧人则火葬。天葬可以使人永远离开土地，因为天葬时把人的肉体切割后，鹰把它们带到了天上，而人的灵魂也早已离开肉体飘逸天外，远避了恶鬼。

（2）节日。在漫长的历史时期里，藏族形成了丰富多彩的节日，它们构成了藏族民间习俗长卷中最富民族特色的部分。如果从每年的一月开始，我们依次可以看到这样一些节日。

最早的是藏历新年。这是最隆重、最重要的节日，就像汉族的春节。

曼拉节，是甘肃卓尼县藏族独有的节日，正月初八至十五日举行。过节之前，出嫁的妇女都要返回娘家，与家人团聚。届时各村都要组成歌舞队，走村串户演出藏戏、跳巴郎鼓舞。

转山会，属四川省康定藏族地区的大节。每年四月初八这一天一大早，人们便来到南无寺梵香祈祷，然后沿折多河拥向跑马山，开始转山祭祀活动。这个节日源起于关于释迦牟尼的传说，说是佛祖系诞生于这一天，有九龙吐水为其沐浴。于是，人们便每年云集跑马山，转山祭祖，求得一年的平安和丰收。

采花节，是甘肃博峪地区藏区特有的节日，在每年的五月四、五日举行。当地有一则关于采花女的传说：古时候在当地一个穷山村里，有一天来了一个叫莲芝的姑娘。她不仅教会了人们开荒种地，还教会了人们纺线织布的技术，而且她还有一手绝活，即能采来山上的百花为村里的人们治病。从此，村里人有吃有穿，再也不受疾病的折磨了。可是，有一年的五月初五，莲芝姑娘上山采花，遇上了暴风雪，不幸遇难。人们为了纪念她，便把这一天定为采花节。每到这一天，人们便会载歌载舞纪念她，久之，变成了青年男女相识、互诉衷情的节日。

"珠巴泽西"节，即朝山节，这是藏族的宗教节日。每年六月初四这一天，人们便会穿上节日的盛装，带上吃食，前往各地的寺院朝佛，并进行转山诵经活动。

达玛节，是西藏江孜地方藏族独有的节日。每年藏历六月中旬，人们聚集在江孜宗山下的坝子上连续举行 6~7 天的娱乐活动，诸如赛马、赛牦牛、射箭、演出藏戏和歌舞，以及进行商贸活动。

响浪节，是甘肃甘南藏族特有的节日，也是在藏历六月中旬举行，一般进行 3~5 天，内容类似于江孜的达玛节。

类似"达玛节"、"响浪节"的节庆活动，在青藏高原上几乎每个地区都有，诸如西藏藏北那曲地区每年要举行赛马节。它们类似于蒙古族地方的"那达慕"，一般均是在水草丰美，牛羊肥壮的六、七月间举行，人们欢聚在草地、山坡上尽情地娱乐，赛马、射箭、摔跤、歌舞、戏剧，一应俱全。牧人们尽其所能表现自己的才华,举家前往尽情地享受天伦之乐。

　　雪顿节,每年藏历七月初一至初五,拉萨的藏族人民要欢度一年中仅次于藏历新年的这一盛大的节日。"雪"汉语意为"酸奶",而"顿"则是"宴席",即酸奶宴。它源于这样的一个传说:很久以前,在哲蚌寺的后山谷里住着一个恶魔,它危害生灵,无恶不作。但是,它一年到头都处于昏睡状态,只有六月三十日这一天醒来作恶。哲蚌寺的喇嘛们摸清了这一规律,便在每年的这一天,在酸奶中掺上血大摆宴席,做出开戒吃荤的样子。恶魔醒来,看到喇嘛们这个样子,不禁心中释然,认为佛教的日子不长了,于是又安稳地睡去,这样便使众生灵免遭了涂炭。从此,酸奶宴便延续下来,成为后来的雪顿节。雪顿节自古以来一直由哲蚌寺来主持,节日期间要组织各种活动,诸如举行宗教仪式,演出藏戏,跳羌姆(一种面具舞),等等。而最为令人叹为观止的活动则是晒佛(又称展佛),即举行一幅巨大的织锦佛像的晾晒仪式。晾晒有其一整套严格的仪式,搬动它、展开它乃至收起入库等均在朗朗的诵经声、威严的法号声中有条不紊地进行。只见这幅佛像卷成一个又粗又长的圆筒状,由20多名身强力壮的僧徒扛着它,放在哲蚌寺前坡地的上端,然后僧徒们再排成一排,倒退着一尺一尺地把它展开来,待僧徒们退到坡下时,这幅几乎遮盖了一面山坡的三世佛大佛像才算完全地展示在人们面前。几乎是屏着呼吸瞻仰着全过程的人们,直到这时,才发出一声声由衷的惊叹。接着每个人以不尽相同的方式顶礼膜拜。三世佛那安详的神态中，寓动于静地透着一股轩昂之气，仿佛具有一种排山倒海的力量。善良的人们看着它，心中会升起缕缕欣慰，品行恶劣者则会感到一种冥冥之中的威慑。凡是见过这幅佛像的人，都会为藏族设计者和负责编织的能工巧匠们的非凡才能慨叹不已。

由于雪顿节举行晒佛仪式，藏族又把这个节日称作"晒佛节"。关于雪顿节的源起，是人们为了纪念14世纪的一位造桥大师——唐东杰布。传说他在雅鲁藏布江上架起了第一座铁索桥。由于为造桥募捐，又使他成为藏戏的创始人。

藏族传统的节日，还有藏历十月二十五日的"噶登阿曲"节，又称作燃灯节，系为了纪念格鲁派祖师宗喀巴成道；十二月一日西藏林芝、米林、工布、江达一带纪念工布王吉布的"工布节"以及十二月二十九日的"古多"节，即驱鬼节。届时，在布达拉宫举行盛大的跳神驱鬼活动等。

一个民族的传统节日，往往是这个民族传统文化的缩影，它折射出民族的思想观念和意识，节日内涵的变化又标志着民族历史的演变进程。藏族的节日丰富多彩，这里只是其中的一部分，其中有全民族的节日，也有地区性的节日。这些古老的节日，均有其产生的缘由，有它们最初始的内容，然而随着时代的变化，无论内容与形式都在不断地变化着：有些原本起源于宗教祭祀，历久则变成了纯娱乐性活动；一些本教的节日赋予了藏传佛教的内容，如驱鬼节与纪念宗喀巴联系在一起，显然它是由本教节日发展而成为佛教节日的。至当代，无论什么节日均离不开商贸活动，带有商品经济的、鲜明的时代印记。所以，传统节日的变迁，又常常刻画出民族文化衍变的轨迹。

（3）婚姻与家庭。民主改革之前，西藏地区处于封建农奴制社会，所以，其婚姻形式已基本上进入了一夫一妻制的状态，这也是藏族地区主要的基本的婚姻形式。但是，在一些偏远的落后地区也确保留有对偶婚的残余，父子共妻、母女共夫的现象也偶有发现，一般也是不被人们称道的。而兄弟共妻或姊妹共夫的形式则要多一些，也是社会所承认的。农奴阶级的婚姻应视为一个特殊的类型，他们（她们）的婚姻常常要受到农奴主的限制，强迫婚配现象屡有发生。

《四川通志·西域志》有这样的记述："以一女嫁一男者鄙，合昆季三四而床焉，如称和气于不衰。惟理塘数处，子妇必冠良髻，一夫者一枚，有戴三四者，即知为手足相同也。"这里写的显然是对偶婚制，是理塘地方一妻多夫（一个妻子嫁给几个兄弟）的现象。基于藏族传统的道德观念认识，若兄弟姐妹共同生活在一起，和睦相处，共同维持生活，则是人生最幸运的事了。所以，兄弟共妻、姊妹共夫是得到人们认可的，而且也的确少有发生家庭矛盾与纠纷的事例。它的延续与社会历史进程和经济状况等因素有着密切的联系，与旧贵族中存在的一夫多妻现象有着本质的区别，不能混为一谈。

藏族青年男女在婚前的社交活动是较为自由的，

在婚姻上享有较大的自主权,特别是牧业地区,大部分青年男女的婚姻是自主的。农业地区由于封建化的进程较快,青年男女的婚姻主要遵照"父母之命,媒妁之言"。而庄园里的农奴就没有什么自由了,或者强制婚配,或者要交赎身钱(主要指女农奴)。此外,旧时藏区等级内婚制十分严酷,贵族不能与平民和农奴恋爱,倘若发生恋情,则地位卑微的一方便会遭驱逐,甚至丢掉性命。

藏族的婚礼十分隆重而热烈,或许富裕人家更为排场些,穷苦人家简陋些,但是在同一地区婚礼程序却是相同的。现以青海安多地区腹地觉苍藏区婚礼的主要程序略作介绍如下:

觉苍藏区位于湟水中游以南山区,分属于乐都、湟中和化隆三县。这里曾是藏族经济、文化均比较发达的地区,其婚礼也具有典型意义。当男女双方定亲之后,便请活佛择定吉日,定下大礼之期。迎亲的头一天,男方派人送来一支挂满哈达的翎箭,正式表示迎娶并祝福吉祥。翎箭的到来,标志着迎亲的人们第二天将来接走新娘。当天晚上是姑娘"哭嫁"的时间。新娘和朝夕相处的女伴们会唱出一支支哀婉动人的哭嫁歌。歌中既有对父母亲朋的眷恋之情,又有对媒人的"怨恨"之声。哭嫁不管新娘对新郎中意与否都是一定要履行的程序。

新婚当天,新娘首先"告别"。新娘于清晨便乘坐接亲的轿车(或骑马)离开娘家。这时姑娘唱告别的歌,一直唱到远离娘家 10 余里之外。当送亲的队伍来到新郎家村外的路口时，站在那里迎亲的人们要请送亲的娘家人（首席代表一般是舅舅）下车（下马），给他们敬献哈达、酒和奶茶，男方的歌手唱"迎亲歌"。接下来是"铺毡"，即新娘下车（马）在红毡上叩头，接受喇嘛诵经祝福。然后是"搭红"，男方一位善辞令的年轻人，手捧大红彩绸，一边高唱颂词，一边把红绸搭在女方首席客人的肩上；"献哈达"，男方傧相们再度给客人们敬上洁白的哈达，并致吉祥颂词。此时，迎亲的人们排成长廊，当新娘及客人们走过时抛洒五谷和柏香。接着"扣洋"，即新娘进入婆家先至厨房，用新木勺把锅里的茶水舀起洒3次，然后向男方家长一一敬茶。接过茶碗的老人唱"扣洋"——祝福歌。以下是"加勒"，在摆设于羊圈里的婚宴上，由艺人吟诵茶赞。之后是"献衣"，女方代表新娘向婆婆敬献衣物，这时要唱"玖莫玖拉"歌。歌中从精心饲养牧放羊群，得到柔软的羊毛，唱到精心剪下羊毛，纺成毛线，织成衣服的全过程，表示对婆婆的一片深情。以上是新娘进门第一天的大致过程，又可称作首道宴席前后的礼仪。

第二道宴席一般在第二天的下午。其程序是：a."科译"。开宴前，新郎新娘向长者行礼时，长者或代表长者的艺人唱祝愿歌。b.对歌。在二道宴上，双方已较熟悉，于是开始了男女双方亲友或艺人相互打趣的对歌，又称"相玛罗"。按规矩可即兴编唱逗趣，可无拘无束，但客方只能由男人出场，而主方只能由女人出场。c.邀舞。二道宴进行到酒至半酣之际，男方有人出面开始邀请女方客人们跳舞,并唱邀舞歌——"阿奶侯勒玛"。而女方送亲者故意不应。这时,邀舞者便会一而再,再而三地发出邀请,而邀请歌也故意由客气变得越来越激烈,甚至唱出"莫不是你两腿长短不一样,请拄上棍子来跳舞"。至一定的时候,女方送亲者才走出来跳舞,而且边跳边唱,时而和缓,时而唇枪舌剑。当然都是故意逗乐使气氛更活跃。d. 盘歌。邀舞过后,男方的女宾们开始请女方男宾跳舞并盘歌,使宴会达到又一次高潮。e. 谢媒。双方向媒人献礼唱赞歌。

第三天早晨摆设第三道宴席,这可以说是一次告别宴会。这次宴席上最主要的程序是由女方弟弟对男方的盛情款待表示衷心谢忱,祝愿新婚夫妻美满幸福,两家亲人和睦相处。至此,婚礼便告结束。

关于觉苍藏族婚礼,当代著名藏族诗人伊丹才让曾写有《婚礼歌》一书,收有诸程序中吟诵的赞辞和歌曲,有兴趣的读者不妨找来一读。

从上述婚礼程序的简单介绍中,读者可能对藏族婚礼已经有了初步的认识。应该说,藏族婚礼有着十分丰富的文化内涵,它不仅集歌舞于一身,而且融汇有大量藏族传统的生产、生活知识和技能,充分表现了藏族特有的文化心理素质和独特的风俗,是具有多方面功能的藏族文化载体。

婚姻最直接的产物是家庭。家庭的结构,乃至家庭成员的关系、伦理道德等又是一个民族文化的重要标志。如前所述,藏族的婚姻形式,主要的、大量的是一夫一妻制，这样，在家庭中，有一夫一妻的小家庭，也有与父母及其他亲属（男方或女方的）共同生活的大家庭。一般为女方婚后与公婆共处，也不乏女婿入赘的大家庭。而且为数不少。在藏族传统的观念中并无歧视的现象。在藏族家庭中，一般是"男主外，女主内"，农区"男尊女卑"观念浓厚，牧区较为淡薄。另外，藏族有尊敬老人、孝敬父母的传统。古老的《敦煌历史文书》中就已存有劝人尽孝道的格言，它对母亲十月怀胎，九死一生地生下孩子，又含辛茹苦地把他抚养成人作了详尽的描述，最后写道："长大只听妻子的话，父母责备白眼翻。子母相见如仇敌，这种人落地狱间，永世受罪解脱难，念此应以孝为先。"据此可见藏族古代伦理道德之一斑。

藏族民间习俗除上述几点外，还有许多诸如丧葬以及禁忌，等等，因篇幅限制不一一赘述。

艺术 作为文化高级层面上的艺术，常常是最典型、最凝练地反映历史与时代精神、民族特质的文化载体。

歌舞 藏族是一个能歌善舞的民族，在青藏高原上，无论到哪里，也无论是节日、庆典，还是婚礼聚会，不分男女老幼、僧俗群众都会唱歌、跳舞。人们自古至今编唱出了浩如烟海的歌，创作了多种形式的舞蹈。

（1）鼓舞。藏族最古老的舞蹈形式之一。在史籍《贤者喜宴》中曾记载着，在赤松德赞时期，人们为庆祝藏地第一座佛教寺院——桑耶寺的建立，举行了一年的庆祝活动,其中"大型的欢乐舞"和"鼓舞"即是当时歌舞活动的主要形式,可见鼓舞当是产生于更早些时候的藏族民间舞,迄今已有1000多年的历史了。它以一扮作"罗本"(传为鼓舞祖师,一说是莲花生)的老人首先出场。一般这个人物身着黑袍,腰扎红色腰带,手持一根缠绕着白哈达的木棒(又有手持白色牦牛尾的说法)。出场后,他一边挥舞着木棒,一边朗声呼唤担任群舞的小伙子出场。而身着彩服,腰间系短裙,挎着鼓的小伙子便会蹿蹦跳跃着出场,旋即鼓声骤起,伴着或疾或缓的舞步,鼓声亦起伏有序,最后,随着节奏的加快,鼓声响彻云霄。

(2)"羌"。这是寺庙内或宗教仪式上演出的僧人舞蹈,一种宗教舞,也可以说是西藏的傩舞。舞者的道具包括面具、盔甲、战袍、刀盾等。分独舞、双人舞、群舞等形式。这是一种有伴奏的舞蹈,以钹、鼓、牛角号、长唢呐等乐器演奏。它又以表演的内容和时间分作"哑羌"、"苟羌"和"呷羌"3种。"哑羌"于藏历六月十四日演出赤松德赞的事迹;"苟羌"于藏历年前一天,演出驱魔压邪的故事及宗教人物传说、动物故事等;"呷羌"是在藏历年期间的初三、初十、十五日演出祝福吉祥平安的内容。"羌"舞原始古朴、粗犷奔放。观者无不惊叹那些静如处子的僧侣们会有如此精湛的技艺和豪放的舞姿。

(3)流行于四川藏族的"弦子舞",以及"踢踏舞"、"热巴舞"、"锅庄舞"、"折嘎舞"、"果谐舞"、"牦牛舞"、"鹿舞",等等。藏族舞蹈以其鲜明的高原民族特色、优美的舞姿闻名于世，其独特的表现手法，深刻的文化底蕴均令世人所注目。

藏戏 藏族戏剧是由民间歌舞、跳神、说唱及杂技等多种艺术经过长时间的融汇发展而成。关于它形成的年代，有8世纪莲花生创造"哑剧"为起始和14世纪修桥大师、僧人唐东杰布始创两种说法。事实上，究竟是否为莲花生始创可以存疑，但从8世纪起藏族开始有"哑剧"存在则是可信的，经过几个世纪的发展演变，至14世纪唐东杰布提炼规范成为声情并茂的藏戏。在民间，有"阿姐拉姆"称谓，专指唐东杰布组建之藏剧团中的七姊妹。所以，真正意义上的藏剧定型应该在14世纪。

关于藏剧的产生，还有一段传说：14世纪时，西藏有位致力于造桥的僧人唐东杰布，他学经不努力，却一心扑在造桥利民上，所以，人们又叫他"疯子喇嘛"。然而，造桥的资金却没有着落，什么方法都想过了，可仍筹不够所需的资金。一天，他来到堆龙德钦（拉萨北郊）地方，做了一个梦。梦中女神告诉他："为实现你的愿望，你到雅隆穷结去，那里有7个能歌善舞的姑娘（一说七兄妹，三女四男），你把她们组织起来，到四处去演戏，就有了修桥的钱了。"将信将疑的唐东杰布来到穷结，真的找到了那七姊妹。于是，他编好剧本，给姑娘们分配了角色，经过几次排演后，便带着她们到各地演出。在人们的支持下，演出十分成功，募到了修桥的钱。后来，他在各地民工们的支持下，在西藏共修了13座铁索桥。当然，这只是一则神话传说，然而唐东杰布为修桥组织剧团演出募捐却是史实。在王尧先生之《藏剧和藏剧故事》一文中曾译有藏戏《云乘王子》序言："昔，我雪域之最胜成就自在唐东吉博赤列尊者，以舞蹈教化俗民，用奇妙之歌普及舞蹈，如伞蘖覆盖所有部民，复以圣洁教法，及伟人之传记，扭转人心所向，而轨仪殊妙之'阿姐拉姆'遂发端焉……"

藏戏的传统剧目有《智美更登》、《顿月顿珠》、《卓娃桑姆》、《苏吉尼玛》、《朗萨姑娘》、《文成公主》、《白马王子》和《诺桑王子》等，统称为"八大藏戏"。几个世纪以来，藏区各地逐步建立了许多藏戏团，并形成了不同的流派。藏戏已经成为中国戏剧舞台上的一枝奇葩。

除歌舞、藏戏外，藏族艺术家在绘画、雕塑、刺绣、织锦乃至建筑等方面均取得了令世人瞩目的成就。布达拉宫及许多寺院中至今存世的绘画，一幅幅的唐卡（卷轴画），一尊尊栩栩如生的佛教雕塑，遍布宫廷、寺院和民间的刺绣、堆绣精品，织锦巨幅佛像（如前述哲蚌寺之三世佛），以及遍布青藏高原、蒙古高原各地的藏式寺院建筑和融尼泊尔、藏、汉三种民族风格的寺院建筑，等等，无一不闪烁着藏族艺术的璀璨光芒。

至元初，崛起于中国西南青藏高原之上的藏民族又正式开始了与居于中国北部草原之上的另一个伟大民族——蒙古民族的交往，从此，揭开了两个民族历史文化交流的序幕。

三　蒙藏历史关系与文化交流

　　蒙古族与藏族有许多相通之处，诸如原始信仰的类似，"博"与"本"的大同小异，都曾以游牧经济为基础等。蒙古族对藏族早有了解。有人认为成吉思汗远征印度归途中曾路过阿里（古象雄）地区，当然这种说法史学界一般认为不太可能。但是，即使蒙古军队没有经略阿里地方，成吉思汗的声威早已为藏地僧俗所闻，关于萨迦派派代表晋见蒙古汗王并表示归服的记载屡见于史载。西夏曾是蒙古的南部近邻，该国早已皈依佛教，并与吐蕃有着千丝万缕的联系。它的又一个名称就称作"唐兀"。根据对西夏语言文字的研究，发现它属于藏语方言，"从现存有汉字标音的西夏语词书《番汉合时掌中珠》看，西夏语本身应属于藏语的一种方言，与现今仍通行于甘、青、川藏族牧区的藏语安多方言接近。"为此，它可以说是"唐宋时期藏族和藏族文化发展到最北面的一支"。成吉思汗在统一漠北之后曾几次对西夏用兵，在《智者喜宴》及《红史》中均有蒙古军曾掳蔡巴噶举派僧人藏巴东库哇等牧羊的记载，而成吉思汗也曾请他讲解佛经。此后，噶举派僧人曾受到索鲁何帖尼（忽必烈之母）的器重。由此可见，成吉思汗及其子孙们在13世纪初叶即已经接触到佛教。

另一方面，藏族对于蒙古汗国则也早有所闻，这在萨迦班智达（下简称萨班）致藏人书中已表达得十分清楚了。有了上述的铺垫，一俟机遇来临，蒙藏两大民族间便开始了长久的交往历史。

战争揭开蒙藏文化交流的序幕

历史上蒙藏这两个民族之间的历史文化交流曾经历了两个高潮，即窝阔台汗时期与俺答汗时期，时间是在元代初叶与明代末叶，而且两次都是以战争为先导。

窝阔台1229年即汗位后，于1236年派他的第3个儿子阔端由陕西、甘肃一带南下，直指成都，作为攻打南宋的一支偏师。而雄心勃勃的阔端便开始打西藏的主意，目的是希望通过征服西藏，得到西藏宗教势力的支持，增加自己争夺汗位的实力。于是，1239年派其手下大将多达那波（又作道尔达）率军自青海攻入西藏的藏北地区，先后烧毁了噶当派的热振寺和杰拉康寺，并杀死500多僧人。但是，对于与两寺毗邻的达隆寺却秋毫无犯，攻至拉萨河上游的止贡寺时，也未损害该寺。《青史》（又作《青册》）解释达隆寺因被大雾迷漫而幸免，而《西藏王臣记》则说止贡寺寺主善"法术"而使该寺安然无恙。但这些都不过是一种附会之说，关键在于这两座寺院系噶举派寺院。前面已经说过，蔡巴噶举派与蒙古王室有着特殊的关系，这才是使它们免遭涂炭的真正原因。

然而，噶举派最终也未得宠。在《西藏王臣记》中，有多达那波给阔端的一封信，信中详细地叙述了噶当派、噶举派及萨迦派3派的特点，认为"教法以萨迦班智达最精通"。阔端最终选择了萨迦派的萨班。然而，这中间，因窝阔台病重，阔端奉召回到当时蒙古汗国的国都哈拉和林（又简作和林，位于乌兰巴托西南约400公里处）。直到处理完窝阔台的后事，阔端才回到凉州，于1244年，再次派多达那波等人带着他邀请萨班前来凉州会见的信进藏。信中先说明了在西藏诸教派中选中萨班的原因，希望他能前去辅佐大汗。同时，也陈述利害，说明如若他不肯前来，将使西藏遭灭顶之灾。其文辞刚柔相济，可谓"又拉又打"。同时随带丰厚的礼品相赠。

萨班当时已年逾花甲，实难应付一路的艰辛，但是，蒙古军队横扫亚欧大陆及多达那波第一次进兵西藏的所作所为，令他心有余悸，加之信中的言辞也使他无法推辞。于是，他带着两个侄子八思巴和恰那多吉踏上了由后藏（卫）的萨迦，经拉萨而藏北、青海去甘肃凉州的漫漫长路。当时，八思巴10岁，恰那多吉6岁。这老少两代人于1246年到达凉州。一说是1245年八思巴与恰那多吉先于萨班到达凉州，认为是作为"人质"而被先行接到的。

由于阔端为争夺汗位事再次赴哈拉和林，至1247

年萨班才得与阔端见面。无论双方抱有什么样的目的，这次会见对两个民族的历史和文化所产生的深远而巨大的影响却是不可估量的。据说两人相见后甚是投缘，萨班不仅在佛学方面具有高深的造诣，而且颇通医术，及时地为阔端解除了顽疾，这就更使阔端佩服之至。从此，萨班在祈祷法会上取代了基督教教士和萨满巫师的位置，居于上首。阔端为表示对于佛教和萨迦的崇拜，还特为萨班修建幻化寺（又称朱必第寺、吹拜寺）。不久，萨班写了一封致全藏僧俗各界的公开信，就是闻名于世的《萨迦班智达致蕃人书》。在这封信中，萨班叙述了他所受到的礼遇，阔端皈依佛教的决心，同时规劝西藏的各界人士认清形势，归顺蒙古。陈述了顺乎时势归顺蒙古之利，以及作徒劳反抗之弊。臣服的条件是西藏的僧俗官员和百姓要承认蒙古大汗的地位，做它的臣民；西藏的宗教事务将由萨迦派来主持，而其他行政事务则由蒙古方面委派人员管理。同意这样的条件，西藏的僧俗官员可以保留原职，由蒙古方面再行委任。同意归顺的需将地方官员姓名、百姓数字及所献贡品等分别造册，一式三份，一份送阔端，一份送萨迦，一份留存。未归顺的也必须注明，备日后蒙古军进藏区别对待，归顺者将受到保护，不归顺的将受到惩罚。这封信写得十分详尽，甚至包括了如何接待蒙古的官员，以及他们喜欢的贡品。

萨班的这封信中明确了两个主要的问题：一是西藏臣服于蒙古；二是萨迦派居于西藏诸教派之首。凭借萨迦派在西藏的威望，他的这封信得到了西藏僧俗人士的普遍响应，阔端与萨班预期的目的在他们死后得以实现。这两人于1251年先后死于凉州，因而推迟了蒙古对西藏的统治。但是，他们所做的一切，却是后来西藏正式臣服蒙古得以实现的根本基础。所以，萨班的这封信对西藏归服蒙古、正式成为祖国大家庭一员，具有举足轻重的作用。它也是西藏正式进入中国版图的重要证明文件之一。

窝阔台死后，其另一个儿子贵由继承汗位。然而只在位3年，于1248年病故。王室内部又经过3年的角逐，1251年蒙哥即位。蒙哥继承了阔端的对藏政策。1252年萨迦派继承人八思巴发出了致西藏地区高僧大德的信函。这封信以奉诏的名义重申了萨迦派在藏的统领地位，同时规定了僧人的特权，即免除兵差、劳役和赋税，而行政官员不得骚扰寺院、摊派乌拉（差役），以使僧人潜心依教法为蒙古大汗告天祝祷。信中还讲到了八思巴奉蒙哥汗之圣谕，派员协助有关官员入藏清理户籍，划定地界等项事宜。如果说萨班的信仍属于"打招呼"，是"务虚"的话，八思巴的信则是把萨迦派与蒙古皇帝商定的具体策略与办法付诸实施的"务实"了。

元亡后，蒙古王室撤回漠北，原来分封在甘肃、青海等藏族地区的蒙古宗王远离了本土，处于隔绝状态，于是纷纷降服明朝。诸如接替蒙古汗国时期阔端总理藏族地区事务的元代忽必烈之子西平王奥鲁赤的五世孙卜纳剌降明，标志管理藏族地区事务之最高权力的转移。卜纳剌和藏族地区蒙古宗王及部分藏族领主的降明，使明朝隔断蒙古与西藏的政策得以暂时实现。然而，明朝并未能如元朝那样对包括甘肃、青海和西藏在内的藏族地区实施强有力的统治。在西藏，一个新兴的藏传佛教改革派格鲁派在宗喀巴的经营下迅速崛起，并取代了萨迦派的统治地位。而元王室北徙之后，也并没有完全断绝与西藏等藏族地区的联系，蒙古诸宗王在不断进行内部倾轧斗争的同时，也没有忘记青藏高原这片土地。

《明史·鞑靼传》载："（正德）四年（1509年）北部亦卜剌与小王子仇杀，亦卜剌窜西海（指青海）。阿尔秃斯（即鄂尔多斯）与和。逼协洮西属番，屡入寇。巡抚张翼，总兵王勋不能制，渐深入，边人苦之。八年（1513年）夏，拥众来川，遣使诣翼所，乞边地驻牧修贡。翼咯以金帛，令远徙。亦卜剌遂西掠乌斯、藏据之。自是洮、岷、松、潘无宁岁。……（正德九年，1514年）……小王子部长不儿孩以内难复奔据西海，出没，寇西北边……（嘉靖五年，1526年）……亦卜剌复驻牧贺兰山后，数扰边。……（嘉靖）十二年（1533年）春吉囊……西袭亦卜剌、不儿孩两部，大破之。"这里的小王子就是达延汗，达延汗即大元汗讹音，名巴图蒙克。他7岁即汗位，所以，这里仍以"小王子"称呼。此人虽幼年嗣位，却因为有一位蒙古史上有名的满都海斯琴（彻辰）夫人（时年33岁，后为达延汗的妻子）辅佐，加之他自己成年后的努力，终于使北元蒙古诸部得到相对的统一。漠南、漠北虽然趋于统一，漠西，也即今新疆及甘肃一部分地区的蒙古部，原居于今蒙古国之西北、俄罗斯境内的叶尼塞河上游的"斡亦剌"（明代称为"瓦剌"，也即卫拉特）却仍不断骚扰，并与明朝两面夹击北元。达延汗统一漠南、漠北后，瓦剌才退回西部故地。卫拉特（瓦剌）共分为四部，统称卫拉特四部，即准噶尔（绰罗斯）、杜尔伯特、土尔扈特、和硕特，其中以准噶尔势力最大，至清代它与西藏曾有过密切的关系。

作为北元大汗的达延汗曾屡有征讨，其结果是把反叛的贵族势力驱赶至藏族居地青藏高原。这些贵族后面虽然有人追赶，还大肆侵掠青海、甘南和川北的藏族地区。而随着不停地追逐，他们越来越深入藏族地区或西域等地。

在达延汗时，鄂尔多斯部首领亦卜剌因反抗北元失败，而西去青海湖畔，另一反叛者不儿孩（卜儿孩）亦来到青海。他们成为最早大批移牧青海的蒙古族。他们驻牧青海后，仍不断侵扰明朝边地。1514年，在明军追击下，亦卜剌曾一度进入藏北地区，而不儿孩则在俺答汗时期被驱出青海。

达延汗统一漠南、漠北之后，曾让他的儿子巴尔斯博罗斯统领鄂尔多斯、土默特、喀喇沁3部，即右翼3部〔另有左翼3部为喀尔喀、乌梁海（兀良哈）和察哈尔，与右翼3部统称6部或6万户〕。巴尔斯博罗斯之长子衮必里克墨尔根掌管鄂尔多斯部，次子俺答汗（阿拉坦汗）掌管土默特部。俺答汗与鄂尔多斯之库图克台彻辰（衮必里克之子）两人是直接与西藏发生联系的人物。1559年，俺答汗曾带兵进入青海，在赶走不儿孩部之后，留下自己的儿子丙兔驻扎青海。库图克台彻辰曾于1566年率军进攻安多藏区，胁迫西藏宗教领袖降服，在达成协议后，据说还曾带了3位喇嘛返回鄂尔多斯。俺答汗于1533年进军喀喇·土伯特，收服上下锡喇·卫兀尔二部。《蒙古源流》所载这3处地名，系蒙古语音译，"喀喇·土伯特"即为"黑吐蕃"，而"锡喇·卫兀尔"为"黄卫兀尔"，一般应指今之藏族和撒拉等民族。俺答汗这次主要是进军青海安多地区的藏族及居于甘肃河西走廊的撒拉等民族地区。

无论在元代（包括建元以前），抑或在明代，蒙古族统治者均是以武力进取藏区。当时西藏正处在宗教诸派分立、无统一政权的局面，蒙古军队如入无人之境，没有遭到抵抗。元代有萨班、八思巴，明代有达赖三世亲往蒙古族地区弘扬佛法。萨迦派、格鲁派先后作为藏传佛教的文化使者进入蒙古族地区，使蒙古族文化发生了巨大的变化，其深远影响一直延续至今。而元代蒙古族统治者对西藏、青海、甘肃、四川藏区的经营，也使藏区法制、行政区划等趋于完善；明代俺答汗更是在确立达赖的政治地位，在西藏最终建立政教合一制度方面起到了关键性的作用。两个民族的政教统治者出于各自的政治需要建立起的密切关系，却在客观上为两个民族文化的交流创造了条件。这一以战争为序幕，长达7个多世纪的文化交流，对这两大民族所产生的影响，怕是"开拓者"们也始料不及的了。

随着漠南蒙古的衰落及至最后为清朝降伏，西藏最终易手于漠西卫拉特蒙古之和硕特部顾实汗图鲁拜琥。顾实汗为达赖五世除去后藏（藏）俗人政权之王德西藏巴，使达赖五世之藏传佛教格鲁派在西藏确立了政治和宗教上的地位，而顾实汗则成为西藏最高的统治者。他并未在西藏久留，而是把西藏的军政大权交由他的儿子达延管理。达延是个留恋牧歌生活的王子，他索性把权力全部交给达赖五世，自己到达木草原（拉萨北部）过起闲适的生活。而达赖五世则开始了在顾实汗及其儿孙们的保护下，执掌西藏政教大权的时代。这位才华出众的藏传佛教格鲁派领袖，于1652年专门进京晋见清朝顺治皇帝，得到"西天大善自在佛所领天下释教普通瓦赤喇怛喇达赖喇嘛"的称号。又借卫拉特准噶尔部之噶尔丹王子在藏习经之机，与之结交甚笃。噶尔丹继位后达赖五世曾赠与其"博硕克图"的称号。这样，西藏藏传佛教格鲁派势力在卫拉特蒙古相持不下的两强和硕特部与准噶尔部之间找到了平衡。但是，也正因为达赖五世及其手下第巴桑结加措与准噶尔之噶尔丹的关系，惹出了许多的麻烦。噶尔丹不仅与清廷交恶，而且与漠北之哲布尊丹巴也因旧仇新隙而不睦。这样，西藏夹在清廷、噶尔丹、哲布尊丹巴、和硕特部共4股势力之间，真乃于夹缝中求生存。达赖五世圆寂后，第巴桑结加措秘不发丧，代行职权达15年之久。他亲准噶尔而疏和硕特。此时，和硕特部之拉藏汗在藏监护，第巴秘不发丧、另暗立达赖六世仓央嘉措（就是那位留下数十首

三 蒙藏历史关系与文化交流

脍炙人口的情歌，无心法位，心向世俗的达赖）一事被康熙察觉，康熙盛怒之下命令拉藏汗铲除第巴，送达赖六世进京。不料达赖六世于押解途中在青海去世（一说于康区，又有至青海逃遁，后曾至内蒙古阿拉善弘法等说法）。因此，拉藏汗遭到西藏乃至青海和硕特本部人的激烈抨击。早已想取代和硕特部控制西藏权力的准噶尔不失时机地发兵西藏，直驱拉萨，杀死拉藏汗，结束了和硕特蒙古对西藏的80年统治。然而好景不长，清廷发兵西藏赶走噶尔丹，仍由拉藏汗旧臣康济鼐和颇罗鼐执政。嗣后又于1724年派出驻藏大臣。至1750年，颇罗鼐的儿子朱尔墨特被杀，西藏正式归驻藏大臣管理，直到1911年。而位于漠北的喀尔喀蒙古之哲布尊丹巴呼图克图逐渐取得在全蒙古的领袖地位。清廷为限制其发展，特规定自哲布尊丹巴二世圆寂后，不得再由蒙古族中转世，均由西藏出生者继承，所以此后的几位统治者均系藏族。但是，清廷没有料到的是，在宗教的维系下，他们与蒙古族是紧密联系在一起的，并无蒙藏民族之分，所以，至哲布尊丹巴八世发生了1911年由他率领的喀尔喀蒙古族僧俗民众的反清独立运动。1921年，喀尔喀蒙古宣布独立，建立蒙古人民共和国，现改称蒙古国。贝加尔湖一带的布里亚特蒙古则为苏联之布里亚特自治共和国，现属俄罗斯。而漠西蒙古之土尔扈特部未能随渥巴锡回归的一部分则留在伏尔加河流域，为苏联之卡尔梅克自治共和国，现属俄罗斯。漠西其他诸部以及漠南蒙古，也即新疆和内蒙古等地的蒙古族，以及分属于西藏、青海、甘肃、四川和云南的藏族,现为祖国大家庭中和睦相处的两个兄弟民族。自 20 世纪中叶,开始了两个民族文化关系的新纪元。

纵观元、明、清三代历史,蒙古族统治者曾因各种原因多次用兵西藏,至明末清初,顾实汗更是君临西藏,其子嗣掌握西藏的军政大权近一个世纪之久。从元世祖忽必烈命八思巴清查户籍,分封 13 万户,建立行政机构,立法,乃至先后支持确立萨迦派和格鲁派在西藏的统治地位等,均对西藏政治、经济与文化的发展有着深远的影响。特别是藏传佛教格鲁派的确立,及至政教合一体制的最后形成,对藏族文化的发展起到了重要的作用。

忽必烈与八思巴

慑于蒙古军的压力,萨班携八思巴和恰那多吉来到凉州,并发出《萨迦班智达致蕃人书》。鉴于当时萨迦派在西藏地区的影响,各宗教派系尽管仍有不同的想法,但是,基本上均顺从萨迦派的意志,当然也是顺应时势,降服了元朝。忽必烈即位后,蒙藏民族关系又揭开了新的一页,进入忽必烈与八思巴的时代。

忽必烈与八思巴 忽必烈与八思巴第一次见面是在 1251 年夏天,于六盘山。忽必烈一见到当时年仅 17 岁的八思巴,便为他的学识而折服。忽必烈虽然是个带兵的宗王,却十分尊重仕儒,对于学识渊博的知识分子,一直采取礼贤下士的态度。在他受命经营漠南地区的所谓潜藩时代,对宋代理学家们就采取了积极的推崇态度,而理学家们也与之精诚合作,为其出谋划策,对他最后击败对手争得汗位,乃至经略中原,健全国家体制、组织、法律、制度等均作出了贡献。对于藏传佛教萨迦派新教主,忽必烈自是另眼看待。这不仅为着统治西藏的需要,而且也是当时蒙古族上层对佛教普遍表现出的热情,使他作出的一项重要的抉择。当然,八思巴的才具是达成双方合作的先决条件。当1253年他们第二次聚首时,忽必烈为表示对藏传佛教的尊崇,与王后察必及子女一起皈依了佛法。1254年又赐"优礼僧人诏书"予八思巴,诏书中除向世人表明忽必烈全家皈依佛法外,特别表示了对八思巴及其萨迦派所在之后藏地区僧人、寺院的特别优待,保证他们不受侵害。

　　蒙古族当政者推崇佛教的另一重要举措是举行了一次佛道僧人的辩论大会。本来,成吉思汗时代采取的是对各种宗教兼收并蓄的态度,成吉思汗西征有佛教居士耶律楚材随行,又专门请过道教真人邱处机。但是,随着佛教势力日渐壮大,佛、道两教之间的相互攻讦愈演愈烈。于是,蒙哥汗于1258年令两教在忽必烈的主持下辩论。结果道教败北,佛教开始在蒙古统治阶层得到独尊的地位。八思巴在辩论中崭露头角,表现出非凡的才能。这在王磐等人之《圣旨焚毁诸路伪道藏经碑》中有着详尽的记载。这里要顺便提到的是,当八思巴与道家代表辩论时,最后以"尚书姚枢曰:'道者负矣。'"作了结论,这姚枢正是当时有名的儒士，理学家。可见，蒙古族统治集团一面重用儒士、一面推崇佛法之一斑，而儒释两家效忠于朝廷，在驱逐道家势力的过程中配合得十分默契。这场辩论后，忽必烈"遣使臣脱懽将道者樊志应等十有七人，诣龙光寺前削发为僧。焚伪经四十五部，天下佛寺为道统所据者二百三十七区，至是悉命归之"。这就不仅是蒙古族皈依佛教了，而且是一次包括中原地区在内的全国性的灭道扬佛运动了。

1260年忽必烈即大汗位，八思巴始被尊为国师，10年后又封为帝师。这期间，1264年忽必烈迁都大都（北京）后即设立了总制院（后改称宣政院），八思巴受权负责总制院，掌管藏族地区事务，而且统领全国佛教事宜。他曾于1265年与恰那多吉奉忽必烈之命一起返回阔别了21年的西藏。这次进藏，主要是为建立西藏各级行政机构，并依蒙古万户制，在西藏划分13万户。从此，西藏正式纳入中国元代版图。完成任务后，依忽必烈的安排，已经蒙古化了的恰那多吉（自1247的历史性会见后，他即被安排学习了蒙古语，习蒙古俗，并娶了蒙古族妻子）留在西藏，作为当地最高的行政官员，主持西藏的行政事务。八思巴则仍回到大都主管总制院。从忽必烈对八思巴兄弟的安排，以及对儒释两家各司其职、各得其所的重用，我们不难看出他确是一位极聪明的君主。而年轻有为的八思巴在宗派林立的西藏主持划定13万户，建立起西藏地区的各项制度和行政机构，也充分表现了他协调西藏僧俗各方势力间关系的才干。

有元一代，自忽必烈以下凡十数代一直延续了以藏传佛教之高僧大德任帝师的制度，足见佛教一直受到元代可汗和蒙古贵族们崇拜和支持。但是，藏传佛教传入蒙古初期，主要的还只是在王室及贵族阶层流传，虽然透过各种渠道对下层民众有一定的影响，却微乎其微，其得以广泛传播则是到了明代宗喀巴创立格鲁派，即黄教后。在忽必烈汗时代，应该提到的蒙藏文化交流的重要事象尚有八思巴创制的蒙古文字。

蒙古文字自成吉思汗时代以畏兀儿字母拼写蒙古语开始出现。据说是成吉思汗在征服乃蛮太阳汗时，俘获太阳汗的掌印官塔塔统阿后，命令他创制的文字。这位畏兀儿人便以本民族的字母拼写蒙古语，变横为竖，自左至右书写，成为最早的蒙古文。在《元史》上，有"遂命（塔塔统阿）教太子诸王以畏兀字书国言（蒙古语）"的记载，指的就是这件事。此外，另有关于驻西辽大臣哈剌亦哈赤给诸皇子授课的记载，也当是以畏兀儿蒙古文教课的最早记录之一。

可能是由于初创的畏兀儿蒙古文尚不完善，抑或是忽必烈基于大国君主的考虑，希望有本民族自己独特的文字，所以，他又委托八思巴创制新文字。1269年，八思巴在梵文和藏文字母形态的基础上创制了一套蒙古新字，一种方形字，俗称"八思巴文"。《元史·八思巴传》形容蒙古新字："字成，上之。其字仅千余，其母凡四十有一。其相关钮而成字者，则有韵关之法；其以二合、三合、四合而成字者，则语韵之法；而大要则以谐声为宗也。"这里写到它共有41个字母，以及字母拼音的方法等。新文字创制成功后，忽必烈当即颁诏推行，诏书说："朕惟字以书言，言以记事。此古今之通制。我国家肇基朔方，俗尚简古，未遑制作。凡施用文字，因用汉楷及畏吾字，以达本朝之言。考诸辽、金以及遐方诸国，例各有字。今文治寖兴，而字书有阙，于一代制度，实为未备。故特命国师八思巴创为蒙古新字，译写一切文字，期于顺言达事而已。自今以往，凡有玺书颁降者，并用蒙古新字，仍各以其国字副之。"忽必烈在这一诏书中把他创制新文字的动机、目的说得十分清楚明了了，同时，表明了从今以后一切公事行文均要使用新字的态度。此后，果然三令五申废止原畏兀儿字，大力推行八思巴新字。至今存世的诏令、元代白话碑也多是八思巴文，一些以畏兀儿蒙古文刻制的石碑的碑额处也多刻有八思巴文。据扎奇斯钦教授考据，直至20世纪20年代之前，"有些僧侣仍然会读写八思巴文，并且用藏语称它作 Hor-Yig"。"Hor-Yig"即霍尔文，"霍尔"系藏族对蒙古族的称谓之一。

　　八思巴蒙古新字的创制无疑是蒙藏文化交流的产物。它在元代颁布诏书、法令等公文及碑刻、译经中曾被广泛使用。由于八思巴文未能普及，元代灭亡后也随之废止，目前只能在元代文物和经卷上领略它那方方正正的风采。而畏兀儿蒙古文则几经改造和完善后，成为今天蒙古族通用的文字。需要说明的是，所谓畏兀儿字，并非现今维吾尔族使用之维吾尔文字母竖写变异,今天的维吾尔文是在阿拉伯文字基础上发展而来的。

说到文字,便不能不讲到语言。蒙藏两个民族自13世纪中叶开始交往以来,由于政治、经济、文化间的频繁交流,在语言方面亦形成了相互学习、借鉴与交流的局面。宗教界人士通晓两种语言文字司空见惯,历史上蒙藏两个民族的翻译家互译了大量的文牍、经典,特别是自元以来,历明、清两代,一大批蒙古族翻译家曾翻译了许多藏传佛教经书及历史、文学著作。致使大量的藏语词汇融入蒙古语中,诸如版(bar)、裙子(bangjal)、温泉(rasiyan)、宗教(šasin)、宇宙(yirtinčü)、传记(namtar)、目录(rarčar)、才能(abiyas),等等。同样,一些蒙古语汇也进入了藏语中,如达赖喇嘛(Tav-lavibla-ma)、白酒(a-rag)、医生(aem-rje)、印章(than-ga),等等。在青海省两个民族邻近和杂处的地区,如海西州等地,相互的借词已达到难于分清族属的程度。两个民族的语言分属于不同的语系,蒙古语属阿尔泰语系蒙古语族,而藏语则属于汉藏语系藏缅语族,它们之间竟有如此密切的关系,无疑是两族文化长期交流的结果。

终元一代,藏传佛教萨迦派一直受到王室的尊崇,自忽必烈起以下诸汗均有帝师制度,王公贵族多有效法,而蒙古族普通百姓却依旧沿袭古老传统信奉自己心目中的诸多神祇,灵魂崇拜依如其旧。即使是王公贵族也有各自的供养对象,尽管信奉同样的藏传佛教,却并非与汗王一样奉萨迦派,而是信奉诸如噶玛噶举派、蔡巴噶举派、帕竹噶举派、达垄噶举派以及宁玛派、觉囊派、布顿派（夏鲁派），等等。尽管这些教派与萨迦派，或者它们相互之间存有这样那样的分歧，甚至是激烈的斗争，但是，忽必烈乃至以下诸汗，或者其他蒙古贵族却并未排斥和打击，它们又大多被封为13万户中的万户。可见元代在忽必烈和八思巴这两位伟人的协调下，萨迦派虽独掌西藏政教大权，却并未视其他教派如洪水猛兽般予以歧视，所以蒙古族上层也有可能选择各自的尊崇对象。对佛教诸教派如是，对佛教以外的宗教亦如是，并未宣布佛教为国教而强令普通百姓信仰。这不能不说是当时的国情使然。在元帝国的版图上，八方民族诸多信仰，如若规定国教势必要形成许多矛盾，即使是蒙古族内部，漠南、漠北、漠西的文化习俗信仰也并不完全一样，强令信奉佛教，或是只许尊崇萨迦派，将会造成蒙古族、藏族乃至其他许多民族间难以解决的矛盾，所以忽必烈采取了一种较为自由的政策。这不能不说是忽必烈民族政策、宗教政策的积极之处，也体现了掌管全国宗教事务的八思巴在处理西藏、蒙古及中原地区宗教事务方面的才智。然而，到了明代，藏传佛教在蒙古族中处于独尊地位，在百姓中大力推行藏传佛教新兴的革新派——格鲁派，而视其他一切信仰与宗教为异端。所以说，藏传佛教虽然于元初传入蒙古，但是，真正地、彻底地在蒙古族中推行则始于明代，即1571年被明朝封为"顺义王"的俺答汗（阿勒坦汗）时起。俺答汗一面归顺明朝，一面与西藏宗教界上层联手，目的只有一个，对付漠西蒙古。

3 俺答汗与三世达赖

本书曾写到俺答汗所率蒙古族土默特部与他的侄儿库图克台所率之鄂尔多斯部均曾用兵青海藏区，最后得到两位喇嘛，即阿里克喇嘛和固密·苏嘎法师二人。此二人为俺答汗和库图克台讲经，使他们逐渐戒杀生而皈依佛门。《蒙古源流》说：库图克台在1576年曾"往见其叔阿勒坦汗，奏言：'前者已报占领城池汉人之仇，而（今）已与汉国举国和好，已复掠夺羊群瓦剌人之仇，且已使其逃亡，而有其国。今汗寿已高，将至于老。先贤曾言，有益于今生来世者，惟有经教。今闻西方（纯）雪地方有能观一切大慈大悲观世音菩萨现身在焉。祈请彼前来，照从前圣呼必赖·彻辰可汗与胡土克图·帕克巴喇嘛之例，建立法教社稷，岂非盛事乎？'阿勒坦汗深为嘉许……"当时，蒙古东与明朝修好（归顺封王），西面漠西蒙古瓦剌已平定，双方暂时相安无事；又有忽必烈与八思巴的先例。俺答汗时年六十岁有余，毕生戎马倥偬，此时大概也已厌倦了鞍马劳顿，所以，二人一拍即合，俺答汗即着人前往西藏迎请索南嘉措（索诺木·扎木苏）东来传法。

索南嘉措系格鲁派第一位转世活佛。活佛转世制度发端于13世纪中叶的噶举派。1542年哲蚌寺主持根敦嘉措圆寂后，该寺高僧于1546年认定堆龙德庆（位于今拉萨郊区）地方的一位4岁的孩子为活佛转世，他就是后来的索南嘉措。30年后，正当格鲁派在西藏的地位因帕竹地方势力中支持格鲁派一方的衰落而再次面临危机时，俺答汗的邀请，无疑为索南嘉措提供了一股有力的支持力量，所以，索南嘉措欣然前往。1578年，俺答汗与索南嘉措在青海湖畔新建的仰华寺会面。关于这次会见，在藏、蒙古历史著作中多有描述，如《俺答汗传》中就记录了它的空前盛况，说是有10万余汉、藏、蒙古、维吾尔等族僧俗人士参加。此外，《安多政教史》等著作中也有较为详尽的叙述。在这次会见中，俺答汗赠给索南嘉措一个具有重要意义的尊号："圣识一切瓦齐尔达喇达赖喇嘛"。"瓦齐尔达喇"是梵文音译，汉意为金刚执，即藏传佛教密宗方面的最高成就者。"达赖"与"嘉措"意思接近，蒙古语中"达赖"是"大海"的意思。"达赖喇嘛"的尊号从此被沿用下来，直到现在，目前已传至第14世。索南嘉措虽然是蒙古汗王尊为达赖喇嘛的第一人，却不是第一世达赖，格鲁派寺院高僧将其定为三世，而其前世根敦嘉措为二世，格鲁派创始人宗喀巴的最后一位弟子根敦主是一世。

这次会见之后，达赖三世并未马上返回西藏，而是继续在青海、甘肃、内蒙古等地蒙古族中与蒙古贵族广泛交往，并在青海剃度了一批蒙古族和藏族子弟出家进入当地寺院，其中不仅有普通百姓，也有诸如鄂尔多斯、土默特等部的王室贵族子弟。在这些人中包括出身于康区（川西）的云丹嘉措，他后来被定为东科尔呼图克图二世，即东科尔活佛第二世。这一职务实际上相当于达赖喇嘛的一位特使，专门负责达赖与蒙古王公间的联络。三世达赖还曾到过四川康区的理塘、巴塘一带，并在俺答汗病重时，应邀从返藏路上折回北上，途经青海时，在西宁附近建了一座寺院，该寺院后来逐渐发展成为今天规模宏伟的塔尔寺，它是宗喀巴的家乡人为纪念他而建立的一座举世闻名的格鲁派大寺。1587年在俺答汗的葬礼上，达赖三世与蒙古诸部王公相识，这就为格鲁派的影响深入更广大的蒙古族地区创造了条件。各部纷纷邀他前往，遗憾的是他于1588年在赴察哈尔部传教的途中圆寂。

回顾俺答汗与达赖三世交往的历史可以看到，达赖三世从这位蒙古汗王那里得到了至高无上、法海无边的"达赖喇嘛"称号，而俺答汗身为土默特部一部之王，得到了与忽必烈汗齐名的称号。可谓各得其所，均得到了最大的满足。此后，格鲁派与蒙古土默特部相互提携，土默特蒙古军队帮助格鲁派在西藏确立主导地位，而格鲁派则在蒙古族地区广为传播，几为全民族信奉之宗教。格鲁派在蒙古族地区的广泛流传，对蒙古族文化的发展起到了重要的作用。这从《安多政教史》中关于俺答汗与达赖三世会见的一段描述即可略见一斑："……施主与福田二者犹如一对日月开辟佛法正道，化血海为乳海，恩德至大。以前蒙古人死后，按其贵贱，以其妻、奴仆、乘马、财宝殉葬，这种风俗今后一律废除，将死者财物献给上师和僧众，请喇嘛诵经,回向祈愿。禁绝杀牲祭祀,杀人者抵命,杀死马匹牲畜者剥夺其财产,对僧人动手侵犯者没其家。以前对'翁公'(即"翁衮",蒙古萨满教崇拜的偶像)每月举行血祭,每年杀牲祭祀,现在将这些魔道神像一律烧毁,不烧毁者破其家。代替这些魔道神像,每家造一尊六臂观音像,用乳、酪、酥油供养。不再抢掠汉族、藏族。用这些命令使蒙古风俗变得与卫藏一样。"

《清史稿·西藏传》中亦有类似记载:"……达赖应俺答之迎,至青海,为言三生善像。诸台吉言,愿自今将涌血江,变溢乳之净海。俺答汗立庙,一在归化城,一在西宁。于是黄教普蒙古诸部,而藏中红教之大宝、大乘诸法王,皆俯首称弟子,改从黄教。"

从上述两则记叙中不难看出,自格鲁派于俺答汗时期传入蒙古之后,改变了蒙古族的许多传统习俗,如殉葬、杀牲祭祀,等等。同时,力倡"将涌血江,变溢乳之净海",也即"化血海为乳海",从而对于缓和民族内部、民族与民族之间的仇杀、抢掠起到了积极的作用。据说,由于达赖三世的劝止,俺答汗放弃了对漠西瓦剌的征伐。正因为如此,瓦剌,也即蒙古卫拉特四部亦皈依了佛法。

另外,以格鲁派为代表的藏传佛教第二次传入蒙古与忽必烈时代迥然不同的是,发布了带有强制性的命令,废止对其他宗教的信奉,一律改宗黄教,甚至连供奉的神像也有了明确的规定,并对违反者予以处罚。达赖三世曾为蒙古族地区的寺院开光,并开剃度蒙古僧徒入寺修行的先河，自此以后，蒙古族入寺为僧者络绎不绝，至清代则达到了顶峰。

如是种种，可见达赖三世与俺答汗的会见，以及以后黄教在蒙古族中的传播，无论广度和深度均远远超过了忽必烈和八思巴时代，其对蒙古文化的影响是极其深远绵长的。而蒙古族王室政治和军事上的支持，也使黄教在西藏及周边藏区的主导地位得以确立，对西藏逐步走向政教合一的政体起到了至关重要的作用，同样影响了藏族社会与文化的发展轨迹。

俺答汗与达赖三世相继去世之后，俺答汗的曾孙苏末尔墨尔根台吉（须弥岱青珲台吉）被认定为三世达赖的转世灵童，又掀起了蒙古族信奉藏传佛教的另一高潮。随着这位蒙古族达赖的被认定，及至1603年15岁时被迎至拉萨哲蚌寺受比丘戒、坐床，而成为蒙藏两个民族公认的达赖四世云丹嘉措，蒙古族上下愈加把藏传佛教作为本民族的宗教一般加以尊崇，从而加速了文化的佛教化进程。

活佛与寺院

明、清两代，蒙藏两个民族一直维系着元代开始的亲密关系，尽管这是两朝汉、满统治者所最不愿意看到的，而且这种关系至俺答汗与达赖三世起愈加密切，及至云丹嘉措成为蒙藏两个民族的最高法王之后，蒙藏真乃亲如一家了。两个民族的政教上层虽与明、清王室有着这样那样的联系，却始终处于若即若离的状态。由青藏高原至漠南、漠北、漠西蒙古草原的驿道上，僧侣、朝佛者、使节，甚或是军旅往来不绝。维持蒙藏两个民族这种关系的重要因素之一就是宗教，而宗教则依靠着活佛与寺院作为支撑。

众所周知，藏传佛教在西藏以达赖和班禅为两大法王，他们均源于宗喀巴的弟子辈，分居于卫和藏两地，达赖居卫地拉萨，班禅居藏地日喀则。在蒙古地方，开始时有哲布尊丹巴呼图克图，主要居于今蒙古的乌兰巴托。至清代在内蒙古有章嘉呼图克图，这是清王室为了扼制哲布尊丹巴而设置的、掌管内蒙古佛教事务的活佛。而漠西蒙古，即新疆卫拉特则有扎雅班第达。"呼图克图"汉意为洪福；"班第达"也即班智达，藏语，如萨班又称萨迦班智达，为学者之意，汉语一律称之为"活佛"。事实上，达赖、班禅、哲布尊丹巴、章嘉、扎雅均不是一般意义上的活佛了，他们是法王。汉语中所说的活佛是对一些高僧大德的泛称，蒙藏地区这样的活佛真可以说是成百上千，几乎每个大小寺院中都会有一个或几个活佛，甚至大的寺院中会有数十、成百个活佛。而蒙古民族最尊崇的活佛则是转世而来的那一种，这与藏族颇相似，非转世的有学问的活佛虽也受到崇敬，却怎么也不及转世而来的活佛，这自然与宗教观念有着直接的关系。对转世而来的活佛，蒙古语称为"呼毕勒罕"或"格根"。呼毕勒罕原意是变化、转变，引申为转世；格根，原意为光明。呼毕勒罕、格根，汉语意译时都译作了活佛。据德国波恩大学海西希教授之《蒙古的宗教》统

三　蒙藏历史关系与文化交流

计,蒙古族活佛,"1900年以前,在北京共有14位,在北蒙古(今蒙古国)有19位,在内蒙古有157位,在青海有35位,所以总数为225位"。

法王及众活佛们职务有高低,权力有大小,但均主要从事礼佛、管理寺院、外出弘扬佛法等。蒙古地方的活佛们在明、清两代主要的尚有译经的工作,这也是必不可少的扬佛之举。弘法与译经是促进蒙古文化佛教化进程的两个重要的部分。

读者也许还记得俺答汗与其侄孙库图克台对安多藏区用兵后带回以两位僧人阿里克喇嘛和固密·苏嘎巴克实为首的一批藏人一事。由于他们的说法,使俺答汗和库图克台萌生了皈依佛门的念头,才有了遣使入藏邀请索南嘉措来青海湖畔会面的事,也才有了后来索南嘉措的达赖称号及在蒙古地方的弘法事,从此,藏传佛教格鲁派盛传于蒙古。因此,若论弘法,阿里克等人当是先驱,而索南嘉措则在其后了。漠西卫拉特蒙古族贵族出身的大师阿必达,是天山北麓土尔扈特汗阿玉奇的堂兄弟,又名"捏只·脱因"(平和的朋友)。说起这位富家子弟出家还有个故事:阿必达酷爱打猎,闲来没事儿便会与朋友一起纵马山野。一次,他一箭射倒了一匹野马,及至来到那猎物跟前,才发现原来是一匹即将临产的母马,从被箭射破的腹中产下一小马驹。那弥留之际的母马仍在不停地舐着马驹,阿必达见了心中不禁痛苦万分,从此,产生了出家的念头。当他把自己的想法告诉他的父亲,也就是阿玉奇汗的伯父时,他的父亲坚决反对。为了打消他出家的念头，为他娶了妻子，一年后生下一子。但是，阿必达却一心想着遁入空门。他的父亲也看出了儿子的心事未断，一直派人监视着他。后来，他终于躲过父亲的耳目，从家中逃了出来，踏上了他朝思暮想的学法之路。

阿必达首先来到扎什伦布寺（藏地日喀则、班禅驻锡地），由班禅四世授具足戒，得法号为楚勒特木藏瓦，遍学显、密二经，后又由班禅大师灌顶。当他提出到异地修禅定时，班禅大师说："汝昔所祈愿教化诸所，如在东方，则宜东行，教法众生，广施利益。"阿必达一路上走走停停，不时在一些洞窟中修行，过上了苦行僧的生活。笔者曾有幸见过几处苦行僧修行的洞窟。他们如果途中遇到较宽大的天然山洞，那是造化，而多数是依山凿洞，仅能容一人委身其中。在敦煌莫高窟边的山上，就有一串串的小洞窟，笔者曾和同在敦煌参观学习的几位美术学院的师生进去领略过，每个洞窟仅能坐下一个人，而通道之狭小，使我们几乎是匍匐着穿行其中。这大概是当年来千佛洞修行的苦行僧们住的"招待所"了。不知阿必达一路向东来到青城（即呼和浩特，汉语意思是青色之城）时，是否有造化在一处处稍微奢侈些的山洞中修行过？阿必达来到青城之后并未住在寺院里，而是在城北的山上又修行了35年。也许是历经数十年的苦行，终于修成正果，驻青城的俺答汗之五世孙俄木布洪台吉专门迎请下山供养。据扎奇斯钦教授考，此时约在1632年土默特归顺清廷之前数年。土默特归降清朝后，阿必达被召往奉天（今沈阳）晋见清太宗。此时，他已届古稀之年。太宗曾让他留在奉天供养，被他婉言谢绝。他请求赴东部蒙古地区传法，太宗应允。于是，在他有生之最后20余年中，足迹遍及今内蒙古东部哲里木、昭乌达、兴安、呼伦贝尔等地及今辽宁省之土默特左旗（阜新）一带，成为历史上在内蒙古东部地区最大的一位弘法者。所到之处，以其渊博的学识弘扬佛法、教化僧俗各界；所得布施或用以购金铸佛，或购纸墨，延请写经师抄写大藏经，或资助贫困。一时间"师名轰烈，有如春雷"。阿必达大师的名字从此留驻东部蒙古僧俗民众的心间。关于阿必达的生平，在佛教史籍《胜教宝灯》中有详尽的描述。

从阿必达的生平中，我们看到了漠南蒙古部与清王朝关系的改善，所以，这里插述一段史实。俺答汗虽然曾被明朝皇帝封为"顺义王"，可在蒙古上层的心目中却并不以为然，仍然是心向"老友旧交"，派人去迎请索南嘉措。至林丹汗这位黄金家族支系最后一位汗王时，可谓成吉思汗子孙的又一次扬威耀武的时候。林丹汗雄心勃勃，要像达延汗般地威镇漠南漠北。可是，历史却今非昔比，明末清初之际，他没有得到驻地辽河流域蒙古诸部的响应。时值女真部已在盛京（今沈阳）建立后金政权，努尔哈赤的崛起，令临近之蒙古诸部降服，并与清初政权一起攻打他。而漠西蒙古之和硕特部的势力又开始向东、向南发展。在这一形势下，林丹汗于1627年率兵离开四面楚歌的辽河故地，开始了西征。他首先攻占了土默特部的首府呼和浩特。如前所述，自俺答汗开始经营的土默特部虽未真正统一漠南漠北，却是这一广大地区事实上的统治者。占领呼和浩特，林丹汗成了这一地区的代表。进而又征服了更西的鄂尔多斯部。为了与漠北喀尔喀部当时逃到青海的却图汗会合，共同对付东进的和硕特部，他继续挥兵西去。另有一说法是，为支持萨迦派而西征。而萨迦派高僧沙尔巴呼图克图确实自 1617 年起即随侍左右，成为他的宗教顾问。1626 年之后，沙尔巴开始驻锡巴林部的白塔寺，即今内蒙古赤峰市巴林右旗之白塔寺（因该寺有建于辽代的"钦钦白塔"这座大佛塔而得名）。可见林丹汗后期一直是萨迦派的供养人。所以，说他率兵入青海是为了进而入藏，以军事手段在西藏支持此时已经衰落的萨迦派，恢复往昔的辉煌。然而，时过境迁，不要说他不幸因出痘于 1634 年死于距青海湖 10 日马程的锡喇塔拉，即使他如愿成行也是枉然。因为此时西藏的卫藏地区已是格鲁派两大法王达赖、班禅严密控制的地方，加之以和硕特部为首的漠西卫拉特蒙古四部早在此前皈依格鲁派，并于 1616 年各部首领各出一子赴西藏作为格鲁派僧人学法，所以林丹汗若进藏，必先与漠西蒙古势力火并，并坠入格鲁派的汪洋大海，自是凶多吉少。林丹汗可谓"逆潮流而动"者，诚如《蒙古源流》中所慨叹的那样："达延汗之子孙，及汗族属民，因背道违理，肆意而行，故不能身享太平。"

林丹汗的一项重要的也是有争议的贡献是，组织译经师贡嘎敖色尔等人将大藏经《甘珠尔》译成蒙古文，同时，校刊整理翻译元代以来的许多佛教经卷。据说，译经活动除呼和浩特外，前述位于巴林左旗的白塔寺是另一主要的译经场所。对他在 1628～1629 年的两年间有这么大的作为，一些学者提出异议，认为在他之前《甘珠尔》已基本译讫，他也不可能在这么短的时间里完成如此卷帙浩繁的工作量。但是，林丹汗请贡嘎敖色尔组成了"一个由 35 名蒙古和西藏学者组成的译经小组从事把藏文译成蒙文的译经活动"，大概不会有误，至于究竟完成了多少工作量则另当别论。否则，许多史书，诸如《黄册》和《蒙古源流》也不会为他大书特书了。

　　林丹汗在青海去世后，其子额哲率部东还，被清军俘虏。当他献出玉玺之后，皇太极大概也为着笼络这一蒙古汗王的后人，影响漠南蒙古诸部，所以优礼相待，甚至把自己的女儿固伦公主也许配给他。这一着果然奏效，在额哲的带领下，漠南蒙古正式归附清朝。从此，在蒙藏文化关系史中又有了清朝的诸多影响。由于康熙以下诸帝热心于佛事，藏传佛教不仅在蒙藏民族中，同时也在传统信奉萨满教的满族中开始传播。由于清代几位皇帝的热衷，使蒙文译经活动以较大规模、较快的速度进行。所以，后世又有认为大藏经蒙文版《甘珠尔》以及内容更为丰富的《丹珠尔》均系在康熙等皇帝的操持下译成的。笔者认为，清代是在元及北元数代蒙古汗王蒙译大藏经的基础上，成功地进行了蒙古文版的规范化、完整化及刻版印刷的工作，这么说似乎更为妥当。

另外应该提到的一位大师是扎雅班第达，就是前面提到过的1616年卫拉特四部各部首领每人送一子去西藏学法中的一个。扎雅不是和硕特拜巴噶斯的亲子，而是过继来的儿子。扎雅入藏后，因勤奋好学，很快便取得了按常规10多年乃至20年才能拿到的经学部最高的学位——"兰占巴"。所以，又称他作兰占巴扎雅班第达。嗣后随达赖左右，又获"哲布尊"与"阿格巴"两种法位。前者意为受尊敬的人，后者意为持咒者，说明扎雅是一位精通显密经咒的大师。他在陪伴了达赖22年以后回到故乡传法，后曾应邀去喀尔喀蒙古传法。扎雅班第达的称号就是在喀尔喀传法时得到的。他的贡献除传法外，另有创制托忒蒙古文和翻译经书。"托忒"在蒙古语中是"清楚"的意思，托忒蒙古文指他按着卫拉特蒙古方言创制的能够清楚明白地拼写蒙古语的文字。至今，新疆卫拉特蒙古族仍作为通用文字在使用。他与另一位译经师那木海扎木苏在1650～1662年共译佛教的经、咒、史、传等150余种，诸如《三皈依》、《皈行经》、《大涅槃经》、《金光明经》、《般若波罗蜜多八千颂经》、《心经》、《度母经》，等等；还在额尔克绰尔济、兰占巴绰尔济和绥本的帮助下译有佛典38种，如《贤劫千佛法》、《佛说十二分教》等。

扎雅班第达不仅是位文字学家、经学翻译家，同时，在文学、医药学、历算等方面亦有较高的造诣并留下了许多著述。他在蒙藏文化交流史及蒙古文化史上均占有重要的地位，为蒙古族人民世代称颂。

除上述几位译经大师外,还应该提到的是章嘉呼图克图罗勒丕多尔济二世。他不仅因在转译楞严经中的贡献受到乾隆的推崇,而且为便于译经还编纂了《正字学源泉》(藏蒙大辞典)一书,令后世推崇备至。

应该说,在长达7个多世纪的蒙藏文化交流史上,诸如上述传法大师、译经师等一批蒙古族(包括部分兼通蒙古语、蒙古文的藏族)先贤是这一交流的先驱使者。无论他们的目的,抑或其背景如何,在客观上均成为蒙藏两族文化交流的桥梁。他们虽然大多从事的是传法和译经活动,但其影响和作用却远不止于宗教,而是波及两个民族,特别是蒙古民族政治和社会生活的方方面面,成为一种制约文化选择的不可忽视的力量。

从事传法和译经的主要场所是寺院。据法国波恩大学中亚所著名蒙古学教授海西希统计,19世纪时,在内蒙古地区共有1200多座寺院和喇嘛庙。如果加上蒙古国及中国青海、新疆及东北诸省蒙古族地区的寺院,大约在2000座以上。当然,这些寺院大部分由于战乱和其他政治原因而遭到毁坏或踪迹全无了。这里对几座早期寺院略作介绍。

仰华寺 系俺答汗留在青海的儿子丙兔以"梵修为名"(《明史》)向明朝廷申报,修建于青海湖西北方察卜齐雅勒的一座寺院。事实上,在申报之时已经动工,所以明朝只得同意。一说是为了迎请达赖三世而修建的寺院(《明史》及《蒙古源流》)。该寺于

1577年建成。万历皇帝赐名"仰华寺"。据说这是一座十分富丽堂皇的大寺。俺答汗与达赖三世于1578年的历史性会见就是在这里进行的,为此,仰华寺名垂青史。可惜的是它只存世14个春秋,1591年在战乱中被明将郑洛焚毁。

大昭寺(汉名无量寺)　这是俺答汗于土默特大本营所在地呼和浩特建造的一座寺院。《蒙古源流》(蒙文版)有如下记载:"阿拉坦汗愿于统摄全国之青城,以宝石、金银建立众生灵所皈依之昭——释迦牟尼佛像。"该寺是在达赖三世东来传法后兴建,一般认为它是在蒙古族地区建筑的第一座寺院,至今犹存,位于内蒙古首府呼和浩特。

额尔德尼召　它是漠北喀尔喀部阿巴岱汗于1586年(一说1589年)建成的漠北第一大寺。《宝贝数珠》曾有详细的记载:"我土谢图汗部,旧所皈依之本,额尔德尼召寺,在一围墙之内,原建有佛殿三所。最初我部诺们·瓦齐赖·赛固汗·阿巴岱于乙酉年(1585年)开始建造……索诺木·扎木苏·达赖喇嘛,赐名额尔德尼召。正中之寺庙,系土谢图汗之寺。左侧之寺,系扎萨克郡王多罗额附·云丹·多尔济之寺。右侧之寺,系扎萨克公·齐巴克扎布之寺。计有五所寺庙。其外,周围寺墙计一百六十号,门有三座。在其正前方,有奉祀达赖喇嘛之寺院一所。在墙外有为主上诵奉万寿经而建立之大经堂一所,四十九间。于此哲布尊丹巴之沙毕纳尔、土谢图汗、云丹多尔济王、达赖公齐班扎布等族之僧众,常住唪经。在此墙外,左右方计有庙 18 所，均为哲布尊丹巴所属之寺院。"可见它既是崇拜释迦牟尼的所在，又是膜拜达赖的场所，也是漠北第一大活佛哲布尊丹巴经常驻锡之地（见图 4）。上述关于寺院的描述是乾隆五十二年（1787 年）当地官员向理藩院汇报的情况，已是建寺 200 年之后的事了。笔者恰在又一个 200 年之后的 1986 年夏天有幸造访这座寺院。额尔德尼召位于蒙古国乌兰巴托西南约 400 公里的哈拉和林，也即是窝阔台汗建都的地方，此地一直是蒙古族入主中原之前的故都，据史载有过相当辉煌繁荣的时代。700 年后，哈拉和林故都已荡然无存，只有 400 年前建筑的这座寺院留在一片孤寂的草滩上。经过无数次的战乱，它能够留下来真可谓奇迹。寺院中已没有喇嘛，只有 1 个管理员。据说只有当重要的外宾来访时才开启"山门"。我们一行 3 人作为中蒙关系解冻后由中国社会科学院派出的第一个中国学术团体，得到进入这一圣地亦是"禁地"

图 4 额尔德尼召（哈拉和林）内藏式庙宇

的殊荣。

额尔德尼召从外边看去，诚如《宝贝数珠》所叙述的那样：是一座方形的围墙，围墙上呈等距离地分别矗立着一个个小塔。至于围墙外的寺庙建筑早已不见踪影。围墙内是一座空旷的院落，中间是一排坐北朝南的3座小型建筑，从左至右依次是汉式飞檐大屋顶庙宇、尼泊尔式塔形建筑、藏式城堡形建筑。这排建筑后边是一个高高的台基，原来可能有座大殿建在上面；前面的杂草丛中可以清晰地看到一个硕大的圆形基础，估计原来有一座大型蒙古式毡帐坐落其上。那3座形态各异的庙宇可能即是《宝贝数珠》所说的土谢图汗、扎萨克郡王多罗额附·云丹·多尔济、扎萨克公·齐巴克扎布3人的寺庙。后面的大殿则应属于供奉释迦牟尼大佛之达赖的寺庙，而前面的大毡帐则可能是大经堂。

从额尔德尼召现存的建筑形式和布局，我们不难看出当时设计者的精心构思，它充分体现了多民族文化相互交流融合的历程，又是佛教传承历史的形象记录。

额尔德尼召无论从建筑之初的动机，抑或建成后的弘法活动乃至与达赖的关系，均说明它属于格鲁派寺院。但是，日本学者矢野仁一根据波兹特涅夫的《蒙古与蒙古人》一书，说该寺由萨迦派的固密囊苏主持建设，寺院开光之际，三世达赖未能前来，托付萨迦派喇嘛罗堆坚布替他行开光之礼，等等，说明该寺并非纯系格鲁派寺院。而无论在额尔德尼召兴建之前，或是之后，在喀尔喀地区均有萨迦派弘法及建寺活动，是否说明萨迦与格鲁两派虽然在西藏及部分蒙古族地区有相持不下的矛盾，但有时也有着互相依存的地方。特别是蒙古族诸部首领本来就存在着与藏传佛教不同派系的联系，而忽必烈与萨迦、八思巴的关系一直在民间成为传世的佳话。在藏传佛教第二次以格鲁派为主广泛传布于蒙古族地区时，除上层贵族因其政治需要有着固定的合作伙伴外，更多的人，特别是普通百姓却并不在意他们究竟信奉的是藏传佛教的何宗何派。更为重要的是，格鲁派在蒙古地区最大的敌人并不是同宗不同派的萨迦、噶举等，而是蒙古族的原始宗教"博"，即萨满教。从达赖三世起曾不断地对萨满教进行过毁灭性的打击。所以，格鲁派与萨迦派在远离西藏的蒙古草原上也存在着合作的可能。笔者认为，额尔德尼召由萨迦派的人负责施工、开光，并不能说明它就是萨迦派的寺院。另有一个事实也充分证明了达赖与这座位于最北方的大寺的关系。在参观时，笔者看到，在经堂之上，几代达赖喇嘛每两年赠送一块的约四尺见方、两寸厚的锦绣垫毡已经整齐地垒起了一人多高，有数十块之多。它们均是刺绣封套。如果依准确的两年一块计算，它们大约是在 $1\sim2$ 个世纪的时间里，数代达赖喇嘛不断馈赠的结果。倘若寺院不属格鲁派，也就不会在这么长的时间里保持这种授受关系了。

  拉卜楞寺　寺院本名乍西奇寺，"拉卜楞"意思是"上人居住的地方"，而"乍西奇"则是"吉祥旋涡"

的意思。它位于甘肃省夏河县境内，1927年以前一直属于青海省辖区内，属固始汗后代河南蒙古亲王统治下的青海和硕特蒙古前首旗。这座寺院并非格鲁派早期寺院，奠基于1709年。它与蒙古族有着千丝万缕的联系，既是在蒙古亲王的全力资助下修建，又承受当地藏蒙两族人民的香火膜拜。

拉卜楞寺1709年奠基后，1710年蒙古亲王捐赠了一座可容千人的大帐篷，开办显教学院，招有300名生徒。真正的拉卜楞寺大经堂1711年开始动工修建。拉卜楞寺所占土地、所需建寺费用均由蒙古亲王提供。此后又相继建起了神学下院等。拉卜楞寺主持嘉样协巴即嘉样一世曾被康熙皇帝封为"大宝法师"。当第一代嘉样转世后，第二世灵童曾遭到人们的反对，原因是他们认为转世者该是乾隆皇帝，所以一直没有被认可，直到1742年蒙古亲王的夫人由拉萨求得金瓶卜后，才得到承认。1743年他被迎至拉卜楞寺，时年16岁。6年后，由章嘉活佛施全僧戒仪。后赴西藏学法，先后任过佑宁寺、塔尔寺的法台，45岁回到拉卜楞寺。1763年建时轮院，1784年建医学院。嘉样三世继续完成了拉卜楞寺医学院的建设；四世则于1881年修建了喜金刚院，专门讲授汉历。嘉样五世于1920年5岁时至拉卜楞寺。后由于1924年当地回族与拉卜楞寺的矛盾，他避难别地。应嘉样五世的请求，政府批准拉卜楞寺划归甘肃省管理，并于1927年起执行。他曾于1939年建神学上院。这位嘉样十分注重提高僧人的汉文水平，自己也同来寺里的具有大学水平的汉僧学习

159

汉文,希图通过民族间的文化交流在汉族文化的边缘地带形成一座藏文化的中心。

拉卜楞寺的嘉样五世与蒙古亲王关系密切,而且其家庭与亲王家还有着联姻的情谊,据说女亲王扎西采郎就是嘉样五世的侄媳。

拉卜楞寺由于其独具的政治、文化与地理位置,使它既是一所寺院、又是一所学校,同时,其所在地又成为县级地方行政设施和军事建制(保安司令)的一级单位。

从16世纪中叶至17世纪末叶,由于译经事业全面而迅速发展,寺院如雨后春笋般相继建立,使蒙藏宗教文化间的交流达到了一个空前绝后的高潮。西藏逐渐摆脱漠西蒙古的控制之后,在清政府的直接干预下走上了政教合一的道路;而蒙古则在清朝宗教羁縻政策的制约下,成为一个个零散的封建贵族单位,依附于贵族僧侣,形成若干朝廷扶植的高级僧侣与俗世王公并立的局面。

以格鲁派为代表的藏传佛教成功地在蒙古族中的传播,还有一个最突出的特点,即是对蒙古族原始宗教信仰的无情打击和残酷镇压,从而加速了蒙古族佛教化的进程,对蒙古族传统文化的冲击和再造有着至关重要的作用。这里特稍加叙述。

"翁衮"的劫难

"翁衮"即守护神偶像,它是蒙古族原始宗教

"博",或者说是蒙古萨满教的象征物。是一种用木头雕刻,或用铜、铁等金属铸造打制,或用布、毡、丝绸缝制成的小人偶。萨满带着它作法,一般人珍藏它祈求平安吉祥,它似乎又是个禳灾除病、逢凶化吉的吉祥物。它的存在,标志着萨满教物质的存在和精神的存在,所以藏传佛教视其如洪水猛兽,几乎至蒙古族地区弘法的藏族活佛、乃至本民族的上层僧侣从达赖到一般颇负盛名的大师们都留有烧毁"翁衮"的言行记录。也许读者还记得本书在叙述俺答汗与达赖三世在仰华寺会见时,转述之《安多政教史》中的记录,其中就明确写到了"以前对'翁公'(即"翁衮")每月举行血祭,每年杀牲祭祀,现在将这些魔道神像一律烧毁,不烧毁者破其家",而且公开宣称"代替这些魔道神像,每家造一尊六臂观音像,用乳、酪、酥油供养。每月的初八、十五、三十这三天守持斋戒"。应该说,禁止血祭、杀牲或以人殉葬等,自然是一种文化的进步,而对"翁衮"所代表的蒙古族传统的对天、地乃至世间多种神祇的崇拜,也即对萨满的尊崇等一律严加禁止,则完全是藏传佛教"唯我独尊"思想的体现。达赖三世可谓在焚毁"翁衮",禁绝萨满教的活动中开一代先河,而且从俺答汗做起。据《哲布尊丹巴呼图克图传》载:"达赖喇嘛谕阿勒坦汗云:'勿供养翁衮,我将予以消灭,应供养佛尊。'可汗云:'将所有翁衮加以焚毁,后日如我等不吉,请由喇嘛知者。'于是喇嘛以玛哈噶拉(大黑天)之曼荼罗(祭坛)焚毁可汗之一切翁衮,建立寺庙,供养昭佛(即释迦牟尼)。"可见,当时俺答汗亦是战战兢兢地交出那些世代信奉的"翁衮",又唯恐会有不测,企望达赖保佑。俺答汗既然做出了样子,上行下效,人们纷纷交出"翁衮",供智慧之主六手像,改宗格鲁派佛教。人们作如是的选择,更因为伴有严厉的处罚措施,如《胜教宝灯》说:"如不将'翁衮'投之于火,则毁其家。"

类似的对萨满教的扫荡行动在各地的蒙古族中普遍展开了。在漠南蒙古东部科尔沁奥巴的领地,也即土谢图(又作图什业图)汗的地方"通令禁止萨满布教,集无数'翁衮'偶像而焚之,弘通佛法"。在漠西蒙古卫拉特部,扎雅班第达曾发布通告说:"凡见供奉萨满偶像者,焚其偶像,收其羊马。凡召男女萨满(博与伊特根)作法术者,收其人之马,而以犬粪涂其萨满。"就是说,倘若有人胆敢再请"博"(男性萨满巫师)和"伊特根"(女性萨满巫师)作法,不仅要没收主人家的牲畜,而且要用狗屎涂在萨满的脸上,足见经济上的处罚与人格上的污辱同时并举,堵塞了萨满教生存的各种渠道。准噶尔部巴图尔鸿台吉召集属下于1640年制定的法典中亦明确规定了禁止萨满作法和焚毁一切"翁衮"偶像的条文。

东部蒙古著名的佛教祖师内济托音(即前述阿必达,也作捏只脱音)的传记中,详尽地记载了这位大师在弘扬佛法,讲述藏传佛教理论,教化王公们的同时,又以其精湛的医道治病救人的事例,如治愈重危的翁牛特部一公主,治好了一位双目失明的女萨满等。

在取信于民的基础上，他劝说东部蒙古王公民众："停止崇拜偶像，因为这是实现你们永久获得救度的一大障碍。"他的话具有较大的吸引力，收缴"翁衮"的工作成就斐然。他们把汇集到的偶像堆积在一起，堆成了四大堆，每一堆都有一个蒙古包那么大，然后放火焚烧。海西希教授据此估计，仅在科尔沁部收上来的"翁衮"偶像就可能有数千件之多。

这场"翁衮"的劫难，也是蒙古萨满教的毁灭性灾难，从16世纪中叶至17世纪末叶，大约持续了一个多世纪。此后，随着藏传佛教在蒙古的广泛传播，对萨满教的限制有所放松，却始终未予解禁。

应该说，佛教对于萨满教的胜利是历史的必然，作为具有深刻哲理系统、严明戒律仪轨、严密组织的黄教，较之虽然历史久远却既无统一教理，又无健全组织的萨满教来说，无疑是先进替代了落后，这也是佛教能够在蒙古族中广为传播，几为全民信奉之宗教的根本原因。但是，由于萨满教是蒙古族固有的宗教，有着较为雄厚的社会基础，所以，虽经3个世纪的磨难，却并未完全绝迹，而是在民间悄悄地流传着，一直到现在。而藏传佛教也为着获得更多的信徒，减少弘传的阻力，作出适当的变通，如一种介乎于喇嘛和萨满之间的"古尔塔木"（禅师）的出现，他们是在更高的水平上融汇了萨满巫师作法的一些形式，成为一种蒙古族在感情上、心理上乐于接受的喇嘛巫师。这种现象的出现颇似佛教进入吐蕃之后，佛本斗争中佛教进行的改革，也即形成藏传佛教的过程。而在蒙古萨满教方面，虽然没有像藏族本教徒借用佛教经典，改造成为自家经典的重大举措，却也相应地融汇了佛教的部分理论，去解释固有的仪轨，诸如以佛教类似的祈祷词代替以往的神歌，佛教神祇的纳入，等等。时至今日，蒙古族信仰的宗教仍主要是藏传佛教，另外有萨满教以及道教等。但无论哪一种宗教均处于被逐渐淡化的状态，而且其功能亦随着科技的进步，人们观念的改变而发生着变化。

6 文化的互补

7个多世纪的漫长时日里，蒙藏两个民族间的文化交流始终延续不断。这一文化交流有时是互补的，有时也存在着排斥的现象。这里以几则典型的实例扼要叙述，让读者领略其中的奥妙。

敖包与玛尼堆 敖包和玛尼堆分别是蒙古族、藏族原始信仰的象征物。

关于敖包的分类，蒙古学界众说纷纭，其中以波·少布先生《嫩江流域蒙古敖包考述》一文较为详尽。他把敖包分为3种，即祭祀敖包、路标敖包和分界敖包。它们又可细分为乎硕（汉译为旗、部落）敖包、努图克（氏族、家乡）敖包、阿寅勒（村、屯）敖包和额莫斯因（妇女、母）敖包。从这些敖包的名称，可以基本上明了它们的功能，它们是一个旗（相当于汉区的县）、村、氏族等共同祭祀的大地之神的象征物，又是这些地方、人群的标志物。额莫斯因敖包具有独特的意味,可以理解为祭祀大地之母的所在。其他的敖包又分别依不同社区、氏族、部落所崇拜的不同神祇而有所区别,但大致包括如下的内涵:或象征天神;或象征地祇;或是某位英雄,包括冥冥中的英雄,也包括现实生活中存在过的英雄,如成吉思汗、格斯尔,等等;还有祭祀者的列祖列宗。诚如海西希教授所说的那样:"在萨满教思想的范畴内,鄂博(敖包)可以被当作是本地神灵的所在地和汇合处。"而这种思想的来源则基于蒙古族古老的对高地的崇拜。人们认为高地是神灵出没的宝地,所以,在蒙古族盛行土葬的时代,常常把祖先及本地的英雄等著名人物葬在草原上突兀而起的高地(丘陵)上,或是大山的南坡上。那里也成了所谓的各种神灵与祖先灵魂的汇合地。这应该是蒙古族建敖包于高地之上的一个重要原因,而祭祀这些敖包则兼具了多种功效。这里引用《蒙古的宗教》中的一段"鄂博赞",可能有助于读者了解敖包的功用:

> 向你,完全实现了我们祝愿的神,
> 向所有守护神,从腾格里天神到龙神,
> 我们表示崇拜并以祭礼而赞颂!
> 根据我们的崇拜、祭祀和赞美,
> 祝永远成为我们的朋友和伴侣,
> 对于那些奉献祭祀的人和为之而进行祭祀的人,
> 无论是家中,还是其他什么地方,

减轻疾病，镇压鬼怪和与人作难的恶魔！
赐以生命力、财富和欢乐！
驱除魔鬼和萦扰的敌人，
清除流行疾病和瘟疫，每日、每月和每年的灾难！
阻止豺狼进攻畜群，防止强盗和盗贼出现，
预防冰雹、发生旱灾、风灾和饥荒。

女性敖包及其祭祀活动，除与一般敖包具有相同的功用外，又有着另外的特殊文化内涵。波·少布先生的调查报告中曾有这样的一段记录："黑龙江地区共发现两座（指女性敖包），一座在杜尔伯特旗后新屯贝子府南一公里莲花池畔，一座在东巴彦塔拉屯后岗。祭祀妇女敖包参加者必须是女性，用动物乳房做祭品，女萨满领祭，参祭者头向敖包，按圆形仰卧于敖包周围，片刻后，全体坐起，一阵狂笑，然后在萨满率领下绕敖包跳古老的祭祀舞蹈。"透过这段记录，我们仿佛回到了古老的母系氏族时代，在那个时代，女性曾是社会的主宰。然而，时过境迁，进入阶级社会之后，妇女的地位江河日下，她们虽然仍旧是生儿育女的母亲，却失去了昔日的尊贵和荣耀，被压在了社会的最底层。于是，她们向代表自己的神祇，献上象征哺育人类的乳房，表示着心中的不平和哀怨。妇女敖包的祭祀活动，既是对大地母亲的顶礼膜拜，又是一次集体的情绪宣泄。根据这种理解，笔者认为，女性敖包及其祭祀活动在所有敖包及其祭祀活动中当是产生较晚的一种。

上述说明，敖包应该是蒙古族古代原始宗教信仰的遗留物，产生于佛教传入蒙古之前；当佛教传入蒙古族地区之后，又赋予它一些新的宗教内涵，应视为文化互补的反映（见图5）。

图5　祭敖包

（原载《内蒙古风情》）

再说藏族的玛尼堆。它与敖包有相似之处，也源起于古老的原始崇拜。始为山神崇拜，由山神崇拜进而发展成为多神的崇拜，像出现在神湖旁的玛尼堆就有了对龙神崇拜的含义等。蒙古族敖包多是人们（特定的人群）刻意垒石而成；藏族玛尼堆除一些大型的玛尼堆（如玉树新寨等地的玛尼堆）外，多是过往的朝佛者、旅途中人添加石块而形成（见图6）。佛教传入蒙古族地区后，二者在形态上趋于一致，如插树枝、挂经幡及烟祭等。它们是同一文化带上的产物，广泛地存在于沿黄河源头的青藏高原至黄河中游的蒙古高原，再向东北延伸的一条藏、蒙古及东北亚诸民族居住的地带。据日本学者考证，甚至在日本，也有"十三冢"等类似十三敖包的崇拜。但是敖包与玛尼堆也存在着一些不同之处：

图6 玛尼堆与煨桑台

敖包具有明显的守护神特征，它往往属固定的人群，如一旗（县）、一村（屯）、一个部落或氏族，或者是在地域的前提下以性别加以区分，如祭女性敖包男性不得参加，而多数的祭祀敖包则女性不能参加等。但藏族的祭玛尼堆，虽然有地域性，但并不严格，它由朝佛者、旅途中人添加石块而成，放过一块石头的行人，或许今生今世再也不光顾那里，所以称之为"公众祭坛"是十分贴切的。

敖包系出自蒙古族的灵石崇拜与祖先崇拜，数量少且一般为一次建成，虽然在有石头的地方也有不断添加者，但在根本找不到石头的草原上（如锡林郭勒草原），原本垒敖包的石头就是从数十里乃至数百里外运来的，也就根本无添加石头的可能了。然藏族的玛尼堆很多，小型堆随处可见。一般稍像样些的玛尼堆几乎都有镌刻或用彩色涂料写上的六字真言，即"唵、嘛、呢、叭、咪、吽"。而敖包则少有用蒙文拼写的这六字真言，个别存有六字真言者，亦是佛教传入后的作品。

敖包呈现着一种简单素朴的姿态。而玛尼堆则显现着浓重热烈的佛本结合色彩。它原本是本教的崇信物，却融入了佛教的许多繁文缛节，致使佛与本的祭祀差异甚小，只剩下了绕堆转经的左旋（本）与右旋（佛）的差异。佛教与本教两者的玛尼堆只有从其石刻和绘画上才能分辨出来。佛教玛尼堆除鲜明的六字真言外，另有佛陀的造型。而在佛本之争中遁入偏远藏北、藏东的本教僧人的信徒则在玛尼堆的石块上留下了多神信仰的印证，诸如动物和家畜的头，人的身，有长尾，同时却又踩莲台，执法器作舞蹈状。兽首人身当是本教的龙神形象，而足踩莲台、手执法器则是佛教惯用的造型。

藏传佛教传入蒙古族地区后，使蒙古族的敖包逐渐佛教化。此前较为古朴的祭敖包仪式变得复杂了，而且敖包上开始出现蒙古文字拼写，或者干脆用藏文书写的六字真言；敖包上不仅插满树枝，而且与玛尼堆相同的是拉起绳索，悬挂起五颜六色的经幡，这些经幡中较为复杂的品种上除中间印有一匹奔驰的骏马尚有蒙古族的韵味之外，其四周或刻印有佛教之八吉祥、十二属相,或刻印有藏文经文,与玛尼堆上的经幡别无二致。藏族祭玛尼堆时,有放"风马"的仪式,藏语称"龙达"。"龙"意为"风",而"达"为"马","龙达"译意为"运气"。祭敖包虽然没有放"风马",却悬挂有"风马",同时,在敖包堆上放"翁衮"偶像。另外,藏族有在将士出征之前祭祀玛尼堆并转堆的仪式,这与蒙古族战前祭敖包的仪式如出一辙,其象征意义亦是相同的。由此可见,敖包与玛尼堆已经成为藏传佛教与萨满、本教融合的产物,虽然它们在形成之初分别具有萨满和本教所赋予的象征意义,然而经过佛教的改造,它们从形式到内容日趋一致,最后形成大同小异的祭祀习俗。目前,祭玛尼堆在藏区仍较为普遍;而祭敖包在蒙古族地区则不多见,它已经逐渐转变为在建有敖包的山下举行"那达慕"大会的形式,从而变宗教祭祀为喜庆丰收、欢乐聚会和贸易活动的节日;即使是偶尔进行的零星祭祀亦远没有祭祀玛尼堆的那般盛况。

在蒙藏人民的心中,敖包和玛尼堆既代表苍天和大地,山神与地神,同时,也有佛教诸神永驻其间。

"龙达"与"黑毛利" "龙达"直译为"风马",意译为"运气"。所以,放"风马"意味着运气亨通。"风马"呈方形,在白布或彩布上印制的略大,约32开或16开,供悬挂在房屋、帐篷上,或是山口处的玛尼堆上;另有纸制的则较小,一般为128开大小,它是放"风马"时抛掷的主要品种。"风马"上的图案,大些的四角印有龙、狮、虎和大鹏,中心印有一匹奔驰的马；小的"风马"，则只印一匹马。各地都存有刻在木板上的图版，用时涂上黑色墨汁，印在布或纸上，如印经一般（见图7）。在藏历年或喜庆的日子，如结婚、生子、新屋落成，或者有人要离家远行时，都要放"风马"，表示祈祷和祝福。放"风马"一般由彪悍的藏族男子承担，他们要先洗漱、打扮一新，然后，拿上一摞摞印好的纸质"风马"，骑马来到山口的玛尼堆旁，煨桑后，便将手中的"风马"奋力向空中抛撒。这时，人们会发出阵阵呼唤与祈祷声，而"风马"则伴着风和山口的气流漫天飞舞，随气流升入蓝天，飘向山谷和旷野。

关于"风马"旗上的马，藏族解释为"迅疾"的标志，表示人们的各种愿望快速顺利地达成，如赶路

图7 风马（原件）

的人顺利快速地到达目的地,患病的人早日康复,逢凶者将迅速化为吉祥,衰败者则很快转入兴盛,等等,总之,一切不祥的事都会远远地避开,而吉祥将及时降临并经久不衰。

"黑毛利"是"风马旗"或"黑马旗"的蒙古语音译。"黑"汉意为"气"、"幸运"或"蒸蒸日上","毛利"则意为"马"。"黑毛利"即是"幸运之马",可引申为"希望之马"。蒙古族有在户前(宫殿、房屋及蒙古包前)立祖宗竿子的古老习俗,供祭祀之用。古时,这种竿子祭祀时顶端要挂上肉,作为供品,而在平时,可供悬挂带有旗舌(斿)的旗子,这在《蒙古秘史》中已有记载。自成吉思汗之后,这种竿子也许是因为表现军事帝国的武功,变成了一根矛,称之为"苏鲁锭",而上面挂白色带旗舌的旗子(所谓白纛),完全是一副战旗的模样。竿子的形状虽然有了变化,功能却没有大的变化。当藏传佛教传入蒙古族地区后,"苏鲁锭"上的旗子有了变化。鄂尔多斯地区,即内蒙古鄂尔多斯市的几个旗是悬挂"黑毛利"最为普遍,也最为典型的地方(见图8)。无论是成吉思汗陵寝所在地伊金霍洛旗,还是乌审旗,抑或鄂托克旗,在蒙古族居家的"百姓"(蒙古语指土木结构的房子)或是蒙古包前均采用不同的形式悬挂"黑毛利"。最简单的是一竿一旗,而讲究的则是两竿之间在矛缨下端连一根绳索,呈门字形,而在绳索上并排挂红、黄、蓝、白、黑色五面旗。无论挂一面旗,或是五面旗,旗上均如玛尼堆上悬挂的旗一样,中心是马,周围为佛教八吉祥、十二属相，而空隙中是藏文经文。旗上最简单的图案也要有一匹马，而周围是藏文经文。旗子的尺寸约为 16 开纸大小。

图 8　鄂尔多斯牧民户前的天马旗

当地民间所传的木刻版显然出自藏传佛教寺院，所以，在图形上与安多藏区的玛尼堆上的旗是一样的。不同的是，鄂尔多斯地区的"黑毛利"带有旗舌，而且挂在"苏鲁锭"形的竿子上。在解释其象征意义时，也不尽相同，赋予了蒙古的民族特色和地方特色。有人说是作为圣主成吉思汗神圣的守陵部队（鄂尔多斯人向以此为荣），战旗放在户外，有随时准备迎击敌人的含义。同时，这"黑毛利"象征着民族的兴旺和发达，所以，它又被称之为"幸运之马"、"希望之马"，是民族命运昌盛的标志。因此，鄂尔多斯蒙古人几个世纪以来一直悬挂着它，而许多民歌和诗人的作品中经常在抒发豪情壮志时，会提到"黑毛利"，它象征着一种民族的精神。虽然在许多门字形的"黑毛利"之下砌有煨桑、焚香祭祀的土台,但在它的象征意义中,无论萨满或是佛教的内涵显然淡化了,而突出的是对成吉思汗及其丰功伟业的缅怀和祭奠。当然,它的形式,特别是旗子的颜色,那红、黄、蓝、白、黑恰是"五色分阴阳"的表现。所以,无论"龙达"还是"黑毛利",均可视作多种文化交流的产物,而且因民族、地域的不同而具有了更加丰富的内涵。

格萨尔与格斯尔 在蒙藏民族文化交往中,最为引人瞩目的一个文化现象即是长篇史诗《格萨(斯)尔》在两个民族的广大地域同时传播。藏族史诗流传在青藏高原的北部与东部的广阔牧区,作品脍炙人口,妇孺皆知。而蒙古族史诗则在东起科尔沁草原、西及天山脚下的卫拉特地区广泛流传;此外,在喜马拉雅山东麓、南麓的藏人区,以及伏尔加河上游的卡尔梅克、贝加尔湖畔的布利亚特蒙古人民中间也有流传。因为它所具有的多学科性,所以又被誉为"百科全书"。也因此,它在两个民族的文化史上均占有举足轻重的地位。

该史诗藏族人称为《格萨尔王传》,而蒙古人称为《格斯尔可汗传》(见图9),分别简称为《格萨尔》和《格斯尔》。其名称是一致的,只是因为两个民族语言发音的不同,采用了不同的译音汉字。

在两个民族中流传的史诗叙述了同一个故事:主人公格萨尔(格斯尔)肩负着铲除妖魔拯救人类的使命从天界降生人间,经过多次战斗之后,降伏了妖魔,

图9 《格萨尔王传》与《格斯尔可汗传》书影

平定了天下，使百姓过上了安定幸福的生活，他完成人间使命后又重返天界。

在故事的同一主线下，由于各自民间文化传统的影响，在内容及版本的流传上出现了多元纷呈的现象。藏族史诗《格萨尔》以两种形式传世：一是分章本的形式，一是分部本的形式。分章即将故事分为若干章节，连续讲述。这种分章本一般篇幅不太长，每一章叙述一个简单的故事，最有影响的即是青海的《贵德分章本》，包括天界、诞生、赛马称王、降伏北方妖魔及霍尔等章。而分部本的形式则是在分章本的基础上发展起来的，即分章本的每一章发展为一个独立的部，可以由民间艺人单独说唱，同时被记录成文字而单独流传。随着史诗在藏族地区的流传，这种独立的部为数甚多，目前搜集到的手抄本、木刻本就有289部，除去相同部的异文本（即同一个部的异文本）约有80部。民间艺人说唱的部就更多，优秀的艺人有的可以说唱几十部或百余部，而且还在不断发展。在昌都地区就搜集到一部《夹岭之战》，叙述的是格萨尔与德国人的战斗，说明史诗在藏族人民中间的流传是在不断地发展，其内容仍在逐渐增加。

在蒙古族地区，史诗全部是以分章本的形式流传，而且几乎全部实现了书面化。在已经搜集到的 9 种分章本中，有成书于 1716 年的北京木刻本（上 7 章、下 6 章），卫拉特托忒文本（7 章），乌兰巴托大库伦发现的策旺抄本（6 章），以及鄂尔多斯抄本（13 章）等。其主要情节包括格斯尔 15 岁名声远扬、斩除北方魔虎、治理汗国固穆王朝的朝政、铲除 12 头魔王拯救爱妻阿伦高娃、讨平锡莱河三汗、镇压妖魔化身的喇嘛、入地狱救母、救活 30 名勇士及征服安都拉玛汗等。其中格斯尔的童年生活、降伏妖魔以及征服锡莱河三汗、地狱救母与藏族《格萨尔》的故事情节大致是相同的。蒙古族《格斯尔》独具的内容是变驴情节，即妖魔化身成喇嘛把格斯尔变成驴，而后驴子得救并恢复其原形的故事。从版本的内容来看，一些本子明显来源于藏族史诗，经编译后成为蒙文的作品，如北京木刻本上部；而其余的各章本，在情节上有发展，内容上有增减。如果把北京木刻本前 7 章和后 6 章合在一起，可以看出它几乎囊括了流传在各地的全部情节和章节，是一个比较全面的蒙古文本。其中前 7 章中的 6 章内容来源于藏族史诗，后 6 章主要是蒙古族独创的部分。

在史诗传播中，口头说唱是其主要途径，民间仍有为数不少的说唱艺人健在。蒙藏两个民族的说唱艺人在说唱形式及传承方式等方面也不尽相同。首先，在说唱形式上，蒙古族艺人一般是手拉四胡，边拉边唱，他们的说唱几乎全部为韵文形式，艺人表情形象生动。藏族艺人则一般为坐着手拨佛珠，双目微闭，缓缓道来。其说唱散韵相间，散文部分说，韵文部分唱，张弛有致。也有的藏族艺人为了吸引听众，挂起格萨尔唐卡（卷轴画），指画说唱。其次，蒙藏两族艺人获得故事的途径不同，即传承方式不同。藏族笃信佛教，所以他们将格萨尔视为莲花生大师的灵魂转世，于是产生了极为神秘的艺人获得故事的种种说法。据此可以将这些艺人分成如下几类：神授艺人，他们称在童年做梦后便会说唱故事，也称为梦授；闻知艺人，从别人那里学来故事；掘藏艺人，从宇宙中的物质或意识之中挖掘出莲花生大师及其先哲们的经藏故事，类似本教及宁玛派的挖掘经藏以及圆光艺人，即通过观看铜镜获得故事，等等。这种种说法不仅增加了艺人的神秘色彩，而且表现了藏族人民对格萨尔王的无限崇敬之情。藏族人民对说唱史诗的艺人也十分喜爱，尤其是在漫长的冬夜，史诗说唱是陪伴他们度过闲暇时光的最好的精神食粮。

蒙古族艺人则与藏族艺人截然不同，他们有着极为明确的师承关系。学唱史诗要拜师傅，师傅在教授说唱时都依据本子，与蒙古族的说书人一样，艺人只是依本说唱，其创作的自由度较小。艺人极为尊重师傅。一般有师傅在时，徒弟是不能随便说唱的，必须在征得师傅的同意后才能说唱。有的艺人在说唱前还要按八卦的天干地支计算好格斯尔的出征方向是否合适。蒙古族艺人显然是继承了本民族说书的传统,虽然说唱的史诗故事大部分来源于藏族,其说唱形式却完全是蒙古族独具的。当然蒙古族说书大多是依据三国演义、水浒等汉族章回小说编译的,受汉族说书影响较大。

对于蒙藏史诗的渊源关系,至今学术界仍无定论,有藏族来源说、同源异流说等。以笔者之见,史诗所反映的内容与藏族的历史紧密相连,反映了吐蕃时期青藏高原从分裂割据、战乱频仍的局面走向统一安定的历史进程,其叙述的很多地理位置及地名与青藏高原尤其是与安多地区的地貌、名称相近,应该视为藏族的史诗是源,而蒙古的史诗是流。然而,历史上,安多地区就是一个蒙古族、藏族交往、融合及战争的大舞台。他们时而和睦相处,时而相互征战,应该说这一地区的历史是由蒙藏等民族共同缔造的。时至今日,安多地区不少蒙古族人虽已融入藏人之中,但仍保持其霍尔的称号。这一地区的藏族人或具有蒙古血统、或受蒙古文化熏陶,故与卫藏地区的藏人存有较大差别,如青海果洛藏族。至于青海两个民族杂居的海西州,蒙藏两族人民至今和睦相处,大部分年长的人都兼通蒙藏两种语言。由此看来,在安多地区有一个史诗发生的共同的源,这就是共同的历史之源,从这一共同的源中分出了两个不同的流,即蒙古《格斯尔》和藏族《格萨尔》,这种说法也是不无道理的。

目前,对于史诗这种形式究竟是从什么地方传来尚未定论。因为在藏族民间文化事象中，只有这一部史诗存世，至于散韵结合的文体倒是在敦煌古文献中就有记载，然而藏族散韵结合的民间叙事诗为数不多，且只在安多藏区流传，卫藏地区尚未发现。而蒙古族继承了突厥文化的传统，是一个多史诗的民族，除《格斯尔》外，还有长篇史诗《江格尔》，以及其他多部中、短篇史诗在民间盛传，至少说明它是具有史诗传播及接受土壤的民族。笔者通过对中亚史诗的调查研究，尤其是对流传在境外的巴基斯坦北部巴尔蒂（小西藏，也称勃律）及拉达克地区的《格萨尔》调查发现，那里保存至今的《格萨尔》包容了更加古老的史诗题材及情节，如多神崇拜，人、神、动植物同源等。所以很有可能史诗这一体裁系经中亚地区传入，或由象雄地区传入，或经古丝绸之路传入，因在与中亚相连的新疆地区除蒙古族外，柯尔克孜、哈萨克等民族均有大量史诗、叙事诗发现。藏族在接受这一体裁后，在安多地区形成了史诗《格萨尔》的最初形态，尔后再向其他地区传播。

从同一部史诗在两个民族中传播的文化现象来考查，可以看出，蒙藏两个民族自从共同生活于地理位置相近（安多地区）、生态环境相似的地域后，形成了文化心理的相似基因，因此具有认同同一文化的心理基础。与此同时，藏传佛教的传入蒙古，对于蒙古民族接受藏族文化，尤其是史诗更是一个有利的先决条件。那些识藏文的蒙古族高僧大德，便是沟通两个民族文化的桥梁和使者，《格斯尔可汗传》北京木刻本的翻译与刊刻就是一个最好的明证。

伴随着藏传佛教在蒙古族地区的传播,博学多才的藏族高僧大德以及蒙古族的先贤们在弘法的过程中,将他们所具有的多方面的知识也带入或传授到蒙古族僧俗群众中。而藏文的《甘珠尔》、《丹珠尔》以及其他佛经中,除宣扬佛教教义、仪轨等之外,也包含着深刻的哲学、伦理道法、天文历算、医学、建筑(寺庙)以及文学艺术等多种学科的知识,可谓涉猎人类生活的方方面面。而寺院则是当时的一座座学校。这样一来,藏传佛教的传入就远不只是宗教的弘法,而是两个民族之间的一场全面的文化交流。

"天命"与"天理" 在哲学思想方面,蒙古族原来笃信"腾格里"(天),成吉思汗即是"天授汗权"的产物。随着社会的进步,特别是藏传佛教传入后(主要是格鲁派传入后),这一"天授汗权"的基础萨满原始信仰受到严重的挑战,成吉思汗黄金家族的衰落,证明了以"天命"为基础的"天授神权"并非永恒,人们不能不怀疑它的存在。于是,饱学佛教经理的人们,开始为汗权存在的合理性寻找新的理论依据,最后找到了以灵魂转世为基础的"天理"说,其中最具代表性的人物是鄂尔多斯部的萨囊彻辰和他的《蒙古源流》。《蒙古源流》因种种原因,为大多数史家排斥于正史著作之外。其中它把蒙古族的黄金家族,经吐蕃王统上溯至印度王室,直至佛陀而君临人世,这一点特别受到非议。但也就在这一点上(我们姑不论它的真实性与科学性),萨囊彻辰这位鄂尔多斯台吉为自己家族的兴衰，在理论上寻找到了新的根据。透过《蒙古源流》，我们看到了成吉思汗家族的前世。自印度大禅法王玛哈萨玛迪成为人类劫后之主后，历印度无数代王，由于互相倾轧，王族中的3人至喜马拉雅山中为王，其中乌迪雅纳（梵语音译，蒙文又作满都古捋克齐，汉意为兴盛者）的第五子的小儿子乌伯迪，因战败逃到吐蕃的雅隆地区，繁衍为吐蕃之雅隆部落，也就是我们在藏族历史文化概况中提到的藏族文化的发祥地。该书又说：巴特沙拉国（应指印度北方一邦国）国王生了一个怪胎，头发如犀牛毛，牙齿如白海螺，手脚趾间长有蹼，下眼皮上合。婆罗门认为这个孩子克父，应该杀掉，于是国王令属下将其处死。可是，无论什么兵刃都无法杀伤这个孩子，无奈便把他放在一个铜盒子中扔到恒河里（当是恒河上游）。后被一老农夫救起，老农夫恰好无子，便收养下来。孩子稍稍长大之后，询问自己的来历，当听罢老人的讲述后，孩子震惊之余，便朝着东方的雪域跑去。大概这个孩子来到雅隆地区后便遇到了我们前述的牧人们，于是牧人们将他抬在肩膀上拥戴为王，也就是"颈座王"聂赤赞普，吐蕃藏地有了第一代赞普。第8代止贡赞普被杀后，他的第三个儿子布尔特齐诺逃至蒙古族地方，开始时在漠西卫拉特蒙古，后来他被拥戴为蒙古汗王。辗转推算，作者认为他是孛端察尔的先祖，这样一来，帖木真当是藏族王统的后裔了。萨囊彻辰为我们引经据典得出了这样的一个世系脉络，即由佛祖而印度王，印度王而吐蕃王，吐蕃王而蒙古汗。也就是说，成吉思汗的黄金家族，岂止是受天命为汗，而是佛祖的后裔。既然是佛祖后裔，在明末清初，也即作者生活的年代，正是大兴佛法之时，蒙古汗国岂有不复兴的道理，此乃"天理"所在。从而，萨囊彻辰氏完成了蒙古哲学思想由"天命"至"天理"的飞跃。诚如《蒙古源流》译注者道润梯步教授慨叹作者用心良苦时所说，这部著作是一部失意者的哀歌，它的主导思想是："开辟鸿蒙几万年，梵藏竟为牧人先。混撰一代兴衰史，忍说二部自相残。达赖班禅传经咒，满珠失里（指清朝皇帝）举静鞭。徒令皇孙挥神笔，欲将故国问青天。"（道润梯步译校《新译校注蒙古源流》）

《四部医典》与蒙古医学 藏族与蒙古族均有各自的传统医学。藏医学更形成了具有完整的理论和实践经验的传统医学体系，在各大寺院中均设有医学院，从事医学理论的研究及行医实践活动。在藏族医药史上，曾出现过许多医学著作，其中《四部医典》是内容最为全面和详尽的专门著作。

《四部医典》大约成书于8世纪末（一说9、10世纪），作者是宇妥·宁玛元丹贡布，他曾去印度学习。这部著作是作者吸收印度和汉地中医理论，在传统藏医学的基础上撰写而成。作者系西藏堆龙德庆（位于拉萨郊区）人，据考应为8世纪时人。关于他的生卒年，有708年生、833年卒及786年生、911年卒等说法，看来这是一位长寿老人。其父亲是藏族，母亲是汉族。由于他对藏医学的贡献，受到藏族人民的无限崇敬，被誉为"医圣"、"第二个药王"、"药王的化身",等等,犹如汉族的李时珍和华佗。他的代表作《四部医典》包括5900偈(梵语,即颂,每颂为两行),共分4个部分:"即'根本论'(杂据),简要论述各类事物;'评论论'(协据),详细论述有关的事物;'知识论'(门阿据),对临床实践提出详尽的解释和叙述有关知识;'后绪论'(其据),是为了便于掌握对前面三个部分而提出的解释和说明。"(《西藏医学》,日琼仁颇且·甲拜衮桑编著,蔡景峰译)这部藏医学巨制传入蒙古族地区后,遂令蒙古医学臻于完善。

蒙古族医学(下简称蒙医)自有其古老的传统。在《蒙古秘史》(见图10)、《元史》中可以看到蒙医治疗箭伤、刀伤及骨折的记述。如成吉思汗与王罕的战事中,畏答儿头部中箭,成吉思汗曾亲自为他敷药,以草药止血;窝阔台受箭伤,用烧红的铁杆燎烫伤口;用刚刚宰杀的牲畜皮,包裹外伤;把气息奄奄、昏迷不醒的受伤人,放在剖开的牛腹中促醒的方法;以及以大黄抑制军中疫病,等等。至元代则有了自己的营养学家,如忽思慧曾于1330年撰写出《饮膳正要》一书,显然是总结他于元仁宗时任饮膳大臣时的经验。《饮膳正要》内容包括食疗、烹饪及饮食宜忌等,可称作是一部蒙古族古代的营养学著作。至明代,由于蒙古族退回北方草原,入药的药材奇缺,虽曾获准自明朝得到部分补给,却仍无法根本解决蒙医的需要。随着俺答汗与达赖三世的会见,黄教在蒙古族地区的传播,藏医药开始传入蒙古族地区。到了清代,则出现了许多蒙医、药学家,受满然巴(医学博士)职称者

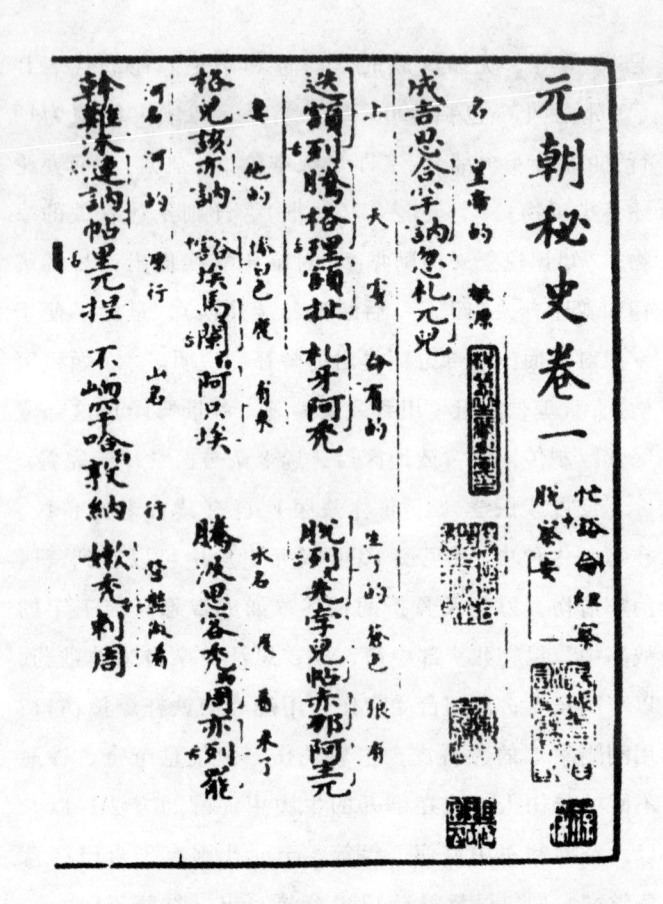

图10 《元朝秘史》(《蒙古秘史》)

不乏其人。其中最为著名的是蒙古族第一代满然巴道格尤(1672~1737年),一家祖孙七代人,在内蒙古阿拉善、乌拉特、鄂尔多斯等地行医,远近闻名。

18世纪,明朱尔多尔济等将《四部医典》译成蒙古文后,蒙医进入了一个新的发展阶段。在传统蒙医创伤骨科、饮食疗法等基础上又系统地融汇了藏医理论与实践,如诊病、处方等医疗方法,形成了蒙藏结合的蒙医新学派，有人称之为"近代蒙医学派"（《蒙古族文化》）。它是在古代蒙医学派、藏医学派二者互相交流、影响的情况下，借《四部医典》的传播为契机而形成的理论与实践并行发展的学派。它的形成标志着蒙医从理论到实践的进一步成熟和发展。这一学派的医生充分重视《四部医典》的理论，结合蒙古族生产、生活条件，环境气候，特别是体质状况，兼收并蓄地继承蒙古族古代医学遗产，从而成为现代蒙医的中坚力量。因此，《四部医典》可以称之为现代蒙古族医学的重要组成部分之一。

蒙古族藏文著作家 16 世纪中叶以后，伴随着藏传佛教在蒙古族地区的广泛传播，一大批蒙古族知识分子熟练地掌握了藏文。其中一些人不仅在佛学方面具有高深的造诣，而且堪称印藏学方面的专家，成为蒙藏文化交流中深层次高层面的重要使者。特别是其中的一部分人用藏文著书立说，在向蒙古族知识界传播印藏学成果的同时，展示了蒙古族人的独到见解。因此，这些著作不仅是印藏学的宝贵材料、蒙古学的重要组成部分，而且是蒙藏文化交流史上弥足珍贵的佐证。然而，由于文字的障碍，资料的匮乏，加之认识不足，学术界在这方面的研究一直十分薄弱，不能不说是件令人遗憾的事。

据蒙古国官布扎布先生之《蒙古族藏文著作家简介》（内蒙古社会科学院哲学所 1981 年编印，一古译）一文称："蒙古学家弗拉基米尔佐夫、海涅什的著作中虽说记述过从 17 世纪开始蒙古学者们对藏族语言文学的研究情况，但对蒙古族藏学家们从事印藏学时所进行的大量注释、编纂以及采用木版印刷或手抄本的办法来发表的藏文著作情况却没有谈到。当时，蒙古族藏文著作在西藏地区流传后，曾有过藏族学者们对其发表书评、而蒙古族学者回过来又对藏族学者们的书评写出评论文章的有趣情况。"在这里作者不仅指出了一些国家的蒙藏学家存在的局限性，同时，为我们提供了蒙藏两个民族学者间的学术交流与切磋的一些情况。

那么，蒙古族藏文著作家们究竟在哪些方面作出了自己的贡献呢？众所周知，传统的藏学分为大五明和小五明。大五明为声明（音律学）、工巧明（工艺学）、医方明（医学）、因明（正理学或逻辑学）和内明（佛学），小五明为修辞学（诗歌）、辞藻学、韵律（声律学）、戏剧（歌舞与戏剧）和星象学（天文历算），大小共10个门类。我们在官布扎布先生简约的文章中可以看到自17世纪至20世纪的208位蒙古族著作家的主要成就，尽管他的介绍十分简略，但我们仍然可以看出，在300年间蒙古族藏文著作家们全面参与了上述10个学科的著述活动。其中成就卓著者如：哲学家温都尔格根扎那巴斯尔，哲学家扎雅班第达罗卜桑普日莱，哲学家、文学家阿格旺海都布，哲学家阿格旺巴拉坦，音韵学家罗卜桑达希、达木丁苏荣、扎木扬嘎日布，医学家罗卜桑丹赞扎拉森、奥特其达格达尔、罗卜桑策木皮勒，以及美学家伊希巴拉珠尔等。应该说明的是，这里冠以的哲学家、文学家、美学家等系依据一古译文照录，由于藏、蒙、汉三种文字的转译及传统与现代学科称谓的差异，或许不能贴切地反映出著作家的属性，但基本上仍可达意。更何况大小五明10个学科本身就互有交叉，我们也不能简单地以现代的学科分类去理解与观照，它们的产生与发展自有其特定的历史与文化缘由。诸如伊希巴拉珠尔的8卷书中即包括哲学、医学、天文、历史和文学等诸多内容；罗卜桑丹赞扎拉森则著有医学、哲学、天文学与文学等4部著作；阿格旺道尔吉的14卷本著作竟含有哲学、音韵学与逻辑学等多种内容。

蒙古族藏文著作家在学习借鉴传统印藏学遗产的同时，具有创造性地发展了它们，形成了独具的风格。17世纪医学家、天文学家罗卜桑丹赞扎拉森在他的医学著作中就详尽地描述了关于人的本原、人体构造、疾病起因等，写出了治疗的方法和药物配方等。而他的天文学著作中则提出了测定日、月、星辰方位的新方法。19世纪著名的医生罗卜桑策木皮勒吸收藏医药学的精华，融汇蒙古民间传统医药学，编纂了《药物配方》与《药物辞典》。在《药物配方》中有专门诊治心脏病的方法，提出因地制宜地诊断与治疗的新方法。哲学家阿格旺巴拉坦于19世纪对多种古代哲学理论进行了注释，他的著述一直被后世学者奉为经典。音韵学家扎木扬嘎日布在他的一部13卷本的音韵学和文学的理论著作中详尽地论述了关于个性、共性、形象、情节及语言修饰等文艺理论问题。另外，音韵学家罗卜桑达希关于印藏语法的著述及达木丁苏荣研究梵语语法的《学用方法》、《研究梵语语法之方法》等均受到广泛的关注。

综上所述，蒙藏两个民族间文化的交流与互补是多方面的，也可以说是全方位的，在许多方面甚至难分伯仲。但是，它们毕竟是两个民族，存有各自的文化传统和背景，在文化的冲撞中，有交流与互补的方面，可以说是主要的方面，同时也有相互矛盾和排斥的方面。

7 文化的排斥

不同的民族间，文化的交流与排斥犹如一切事物均存有矛盾的两个方面一样，自始至终存在着。

不死的萨满　藏传佛教传入蒙古族地区后，自达赖三世起，在长达3个世纪的时间里，对蒙古族的古老信仰"博"，也即萨满教，一直采取了严厉的镇压措施。但是，蒙古族萨满教虽然经历了"九死一生"的磨难，却一直在民间流传着。也许政教两界人士也知道这一情况，所以，在不同的时期，不同的地方，采取了相对缓和的措施。诸如清代第一世章嘉阿旺罗藏错丹，曾在他的一卷祈祷祝辞中融入了成吉思汗的保护神；而他的弟子也在类似的祈祷辞中加入了蒙古族牲畜的保护神。最为典型的是乌拉特的洛桑丹壁坚赞喇嘛成功地把萨满教的观念和诸神与藏传佛教的仪轨结合起来，形成祈祷辞，而且一如传统的萨满巫师那样，礼拜山神、祭火神等。

藏传佛教的喇嘛们这样做，目的是为着蒙古族和平地接受藏传佛教，但同时也反映出萨满教在民间的势力和影响。喇嘛们也懂得文化传播学的道理，在文化传播过程中，两种文化之间必须找到一个经双方变通之后的结合点。

同样，蒙古族萨满巫师们也学着把佛教的神祇纳入自己崇拜的范畴，在佛教徒们收拢萨满神祇、借用萨满仪式的同时，巫师们也相应地变幻着自己的手法：制作"翁衮"时摒弃金属材料，多用柔软而易于藏匿的绸布、棉毡类材料做成；作法时昔日的神歌从形式到内容亦有变革，以祈祷辞代替（或部分代替）"因兴奋而狂舞"时的神歌；除天神、地祇外，亦纳入佛教的神祇。如是种种，萨满巫师的目的是逆境中求生存。从《蒙古的宗教》一书中引述的一段传说，仍然能够看到萨满教与佛教对立的态势："在近二百年之前，还曾有一位睿智萨满指出：'我将向喇嘛们报仇。'一天夜间，他向喇嘛的上司送去了一些翁衮，此人的大脑便染病，而且据说他全身便不能活动了。"大概这位萨满使用了"巫术"，令某位活佛瘫痪了。这个传说无法判定真伪，但是，那萨满巫师对活佛的仇视是肯定的。

萨满教虽然历尽磨难，甚至遭受灭顶之灾，却依旧能生存下来，其关键就在它植根于民族文化的土壤中。"腾格里"长生天，自古至今一直活在蒙古族人民的心中，他们信奉了佛祖，心中却依然有"腾格里"存在。特别是当寺院僧侣的特权与日俱增，人们要承受沉重的税收和徭役负担，而一部分僧徒违反教规、贪婪而荒淫，也使昔日圣洁的宗教蒙上了一层阴影，人们遂滋生了不满和怨恨。特别是19世纪末至20世纪初，随着人类社会历史的变迁与科技的进步，宗教逐渐失去了主宰人类命运的力量。蒙古族也如世界上其他的许多民族一样，在意识形态方面处于一种积极的选择状态，对于佛教，笃信者有之，而基于本民族传统文化、或是现代思想的驱使，排斥或反对者亦有之。在这种情况下，作为意识形态晴雨表的文艺作品便出现了大量的反宗教，特别是排斥佛教的作品。这里作为文化排斥的事象扼要加以叙述。

口诛笔伐入木三分 藏传佛教自元代以后，特别是16世纪以后，曾在蒙古族地区盛传3个多世纪，至近现代则日趋衰败。这个时期的文艺作品如民间歌谣、故事乃至诗歌出现了大量的讽刺作品，其中虽不乏抨击时政者，但占绝大多数的作品是针对寺院喇嘛的丑行而作，又以揭露喇嘛淫乱好色的作品最多。例如流传于内蒙古鄂尔多斯地区的民歌《留辫子》：

> 斜坡的北面，要种沙蒿子，哎！格斯贵嘛嘛的头上，要留辫子了，哎！／秃山的北面，要种柠条了，哎！刚布嘛嘛的头上，要留辫子了，哎！／神山的北面，要种黄蒿了，哎！活佛嘛嘛的头上，要留辫子了，哎！（《鄂尔多斯民歌》）

山的北坡往往是寸草不生的地方，有人竟要去种蒿草，无疑是件怪事。暗指寺院中的活佛、刚布、格斯贵这些高层喇嘛要蓄发留辫子是种违反常理的举动；含蓄地揭露了他们想扮作俗人走村串户与女人鬼混的真实目的。又如内蒙古赤峰市巴林右旗的民歌《高如布尼玛》：

……/高如高勒台庙的高如布尼玛，沿着河边颠颠地走着呢，漂亮的乌罗闰女，在灶火旁边等着呢！/前庙里的德青嘎巴，摇晃着浆糊脑袋走着呢！标致的乌罗闰女，点着灯等着呢！/下营子（村）里那美貌的媳妇，是那道尔森扎布喇嘛心上的人儿；巴尔嘎斯台村那美貌的媳妇，是那包勒朝鲁喇嘛心里的人儿。

巴林左旗的《拉甫吉玛》则描述得更加露骨：

柳木的拨浪鼓（喇嘛念经时的手鼓），在前庙里嘎嘎地响；聪明伶俐的拉甫吉玛，和那乌兰喇嘛嘎嘎地响。

又如《萨嘎拉嘛嘛》：

骑白马的，嗬嗬咿，萨嘎拉嘛嘛，从神树那边，飞奔着过来了，嗬嗬咿。/生来美丽的，嗬嗬咿，德丽格玛姑娘，手里拿着绿手绢，一摇一摆招手哩，嗬嗬咿。（《内蒙古东部民歌选》）

此外，在东部蒙古族地区广泛流传着长篇民间叙事歌《北京喇嘛》和《东克尔大喇嘛》等，亦是揭露喇嘛宣淫的作品。虽然在叙事中存在有自然主义的倾向，却淋漓尽致地揭露了那些满口仁义道德、声称"六根尽除"的喇嘛们的丑行。另有一批民间讽刺故事，亦入木三分地抨击了活佛喇嘛们贪赃枉法，图财好色的丑态。

除民间口头文学作品外，在许多诗歌中亦不乏鞭挞一些喇嘛违反教规，胡作非为的作品。这里仅以鄂尔多斯郡王旗公尼召庙活佛伊希·丹金旺吉拉（1854~1907年）的训谕诗为例略作介绍。他的训谕诗现存世9章。其中，第一章揭露了活佛及大喇嘛的贪婪和种种秽行；第二章抨击世事之不平；其余三章多系劝人积德行善，具有浓厚的宗教和封建色彩。就他的出身及职业来说，能够写下这样的训谕诗，对宗教界中一些活佛、大喇嘛们的劣迹予以抨击，实属难能可贵。现将训谕诗的第一章节录如下：

……身穿耀眼紫黄绸，哪配活佛有修养，自大刻薄好奢侈，政教清净怎保障？/登上经坛像活佛，跨上骏马似奸商，性情狡诈言行狂，新式'佛爷'是这样？/念大经时像喇嘛，吞噬羊肉似野狼，买卖掐指比奸商，如此怎免地狱殃！/忘却人间苦难不久长，不厌其多置田房，满堂金玉夸豪富，罪孽深重德行丧。/信徒奉献尽收纳，换成金银呢绒家中藏，信口开河胡乱行，如此浑人哪有好下场！……

丹金旺吉拉的诗以事实为依据，深刻地揭露了那些披着袈裟"似野狼"、"比奸商"的新式"佛爷"们的种种丑恶的勾当，勾勒出了一副副贪得无厌的嘴脸。他的诗从另一个侧面客观而有力地揭示了当时宗教界内部的混乱状态，反映了广大民众的心声。

应该说，蒙古族对藏传佛教的笃信远超过排斥或反对。但是上述事实却说明，长期以来，蒙古族对于以藏传佛教为代表的外来文化，确实存在着排斥的现象。我们在藏族的文学作品中就很难找到，或可以说找不到对佛教不恭不敬的言辞，更不要说是公开的、大量的把矛头指向活佛、喇嘛的作品了。所以，我们是否可以说，尽管自16世纪以后，藏传佛教被宣布为"国教"，蒙古族却始终没有达到像藏族那样全民信奉的地步；尽管清王朝用心良苦地采用宗教羁縻政策，也只是暂时地、部分地达到了目的，却并没有从根本上征服蒙古民族，它依然朝着本民族文化规定的轨道前行。

结束语

鉴于历史与文化的不可分割性，本书采取了以两个民族的历史关系为线，以文化事象为珠，以线穿珠的方式尽可能地把重要的历史事件与人物、典型的文化事象及其渊源关系展示在读者面前。首先，以最简约的文字叙述了蒙藏两个民族各自的历史文化概况，让读者对两个民族未有联系之前的历史与文化有一个大致的了解。尔后进入蒙藏历史关系与文化交流的叙述。在这一部分中，以"战争揭开文化交流的序幕"，叙述蒙古族于元、明、清三代在西藏的军事行动。在"忽必烈与八思巴"和"俺答汗与三世达赖"中则着重涉猎了元、明两代藏传佛教有关人物在蒙古族地区弘扬佛法，传播文化的历程。"活佛与寺院"概括地介绍了蒙古族地区的藏传佛教活佛与寺院。而"'翁衮'的劫难"则概括地描述了300年中藏传佛教弘法者对蒙古原始宗教"博"（萨满教）的打击与镇压。"文化的互补"与"文化的排斥"基于文化学授受民族文化间必然存在的交流互补和排斥的规律，对典型文化事象加以比较和论述。如"敖包与玛尼堆"主要对萨满、本、佛三种宗教的文化特色进行分析;"'天命'与'天理'"则主要叙述蒙古哲学思想的飞跃历程;"《四部医典》与蒙古医学"着重叙述了藏医学在蒙古医学系统化、理论化进程中的贡献;"'格萨尔'与'格斯尔'"叙述了同一主题的史诗在两个民族中传播所呈现的文化渊源与相互影响关系;对于"文化的排斥",作为文化关系中的一个正常现象也略有涉及。

蒙藏文化关系史是一个复杂,却又是一个十分有意义的课题。在700余年间,以政治和军事为先导的这场两族关系的活剧中,双方的导演和主角始料不及的是它给两族文化所带来的深远的历史影响。关于蒙藏宗教关系、历史关系不乏鸿篇巨制,这无疑为书写一部蒙藏文化关系史奠定了丰厚的基础,我们殷切地期待着它的问世。

后 记

值此书稿完成之际,我们感到一丝欣慰,因为毕竟又为我们所钟爱的两个民族做了一点事。与此同时,也深感愧疚,由于时间仓促,特别是功力的限制,撰稿过程中常常感到心有余而力不足,假若平时的积累多些,或许会写得好些!下面仅就撰稿中的几个问题略作说明:

一、蒙藏两个民族均系具有悠久历史文化传统的民族,由于篇幅限制,在述史的过程中一般以涉及文化的史料略详,而对虽与本书所及两个民族的文化无关,但确系重要的历史事件与人物,也作了扼要的叙述,一般的材料则一律未收。

二、本书涉及汉、藏、蒙古文资料。有汉译文者,一般依据汉文资料,以备读者查阅;无汉文,或汉译文质量不高者,则进行了重译或删改。

三、各种汉文史料及藏、蒙文资料汉译人名和地名用字千差万别,一般情况下本书采用使用频率较高的写法。译名用字,则应用近期常用的约定俗成的拼写用字,摒弃了生僻怪异字(引文除外)。

四、由于蒙藏历史、文化著作颇丰，文化事象纷繁，无法一一涉猎，一般选用我们熟知或亲自调查所得资料。所以疏漏与谬误之处肯定不少，期望有识者不吝赐教。

作　者
1995年7月

参考书目

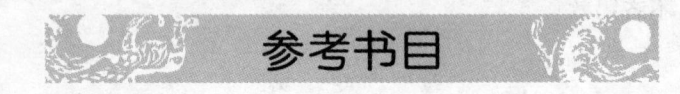

1. 扎奇斯钦著《蒙古与西藏历史关系之研究》，台北，正中书局，1987。
2. 扎奇斯钦著《蒙古社会与文化》，台湾商务印书馆，1978。
3. 道润梯步著《新译简注蒙古秘史》，内蒙古人民出版社，1979。
4. 杨绍猷著《俺答汗评传》，中国社会科学出版社，1992。
5. 安波、许直合编《内蒙古东部民歌选》，新文艺出版社，1957。
6. 萨囊彻辰著、道润梯步译校《新译校注蒙古源流》，内蒙古人民出版社，1981。
7. 色道尔基、梁一儒、赵永铣编译评注《蒙古族历代文学作品选》，内蒙古人民出版社，1980。
8. 郭永明等搜集译配《鄂尔多斯民间歌曲》，内蒙古人民出版社，1979。
9. 周昆田编撰《蒙藏民族史略》，台北，中华书局，1982。

10. 内蒙古蒙古语文历史研究所《蒙古族简史》，内蒙古人民出版社，1977。

11. 李则芬著《成吉思汗新传》，台北，中华书局，1984。

12. 谢再善译《蒙古秘史》，开明书店，1951。

13. 高文德著《蒙古奴隶制研究》，内蒙古人民出版社，1980。

14. 王辅仁、陈庆英编著《蒙藏民族关系史略》，中国社会科学出版社，1985。

15. 蔡志纯等编著《蒙古族文化》，中国社会科学出版社，1993。

16. 〔法〕A. 麦克唐纳著、耿昇译《敦煌吐蕃历史文书考释》，青海人民出版社，1991。

17. 中国少数民族简史丛书《藏族简史》编写组编《藏族简史》，西藏人民出版社，1985。

18. 土观·罗桑却季尼玛著、刘立千译注《土观宗派源流》，西藏人民出版社，1984。

19. 格勒著《论藏族文化的起源形式与周围民族的关系》，中山大学出版社，1988。

20. 〔意〕G. 杜齐著、向红笳译《西藏考古》，西藏人民出版社，1987。

21. 中央民族学院《藏族文学史》编写组编著《藏族文学史》，四川民族出版社，1985。

22. 杨恩洪著《中国少数民族英雄史诗格萨尔》，浙江教育出版社，1990。

23. 黄奋生编著《藏族史略》，民族出版社，1989。

24. 伊丹才让翻译整理《婚礼歌》，上海文艺出版社，1963。
25. 〔意〕图齐、〔德〕W. 海西希著、耿昇译《西藏和蒙古的宗教》，天津古籍出版社，1989。

《中国史话》总目录

系列名	序号	书名	作者	
物质文明系列（10种）	1	农业科技史话	李根蟠	
	2	水利史话	郭松义	
	3	蚕桑丝绸史话	刘克祥	
	4	棉麻纺织史话	刘克祥	
	5	火器史话	王育成	
	6	造纸史话	张大伟	曹江红
	7	印刷史话	罗仲辉	
	8	矿冶史话	唐际根	
	9	医学史话	朱建平	黄 健
	10	计量史话	关增建	
物化历史系列（28种）	11	长江史话	卫家雄	华林甫
	12	黄河史话	辛德勇	
	13	运河史话	付崇兰	
	14	长城史话	叶小燕	
	15	城市史话	付崇兰	
	16	七大古都史话	李遇春	陈良伟
	17	民居建筑史话	白云翔	
	18	宫殿建筑史话	杨鸿勋	
	19	故宫史话	姜舜源	
	20	园林史话	杨鸿勋	
	21	圆明园史话	吴伯娅	
	22	石窟寺史话	常 青	
	23	古塔史话	刘祚臣	
	24	寺观史话	陈可畏	

系列名	序号	书名	作者	
物化历史系列（28种）	25	陵寝史话	刘庆柱	李毓芳
	26	敦煌史话	杨宝玉	
	27	孔庙史话	曲英杰	
	28	甲骨文史话	张利军	
	29	金文史话	杜勇	周宝宏
	30	石器史话	李宗山	
	31	石刻史话	赵超	
	32	古玉史话	卢兆荫	
	33	青铜器史话	曹淑芹	殷玮璋
	34	简牍史话	王子今	赵宠亮
	35	陶瓷史话	谢端琚	马文宽
	36	玻璃器史话	安家瑶	
	37	家具史话	李宗山	
	38	文房四宝史话	李雪梅	安久亮
制度、名物与史事沿革系列（20种）	39	中国早期国家史话	王和	
	40	中华民族史话	陈琳国	陈群
	41	官制史话	谢保成	
	42	宰相史话	刘晖春	
	43	监察史话	王正	
	44	科举史话	李尚英	
	45	状元史话	宋元强	
	46	学校史话	樊克政	
	47	书院史话	樊克政	
	48	赋役制度史话	徐东升	

系列名	序号	书名	作者
制度、名物与史事沿革系列（20种）	49	军制史话	刘昭祥　王晓卫
	50	兵器史话	杨毅　杨泓
	51	名战史话	黄朴民
	52	屯田史话	张印栋
	53	商业史话	吴慧
	54	货币史话	刘精诚　李祖德
	55	宫廷政治史话	任士英
	56	变法史话	王子今
	57	和亲史话	宋超
	58	海疆开发史话	安京
交通与交流系列（13种）	59	丝绸之路史话	孟凡人
	60	海上丝路史话	杜瑜
	61	漕运史话	江太新　苏金玉
	62	驿道史话	王子今
	63	旅行史话	黄石林
	64	航海史话	王杰　李宝民　王莉
	65	交通工具史话	郑若葵
	66	中西交流史话	张国刚
	67	满汉文化交流史话	定宜庄
	68	汉藏文化交流史话	刘忠
	69	蒙藏文化交流史话	丁守璞　杨恩洪
	70	中日文化交流史话	冯佐哲
	71	中国阿拉伯文化交流史话	宋岘

系列名	序号	书名	作者
思想学术系列（21种）	72	文明起源史话	杜金鹏　焦天龙
	73	汉字史话	郭小武
	74	天文学史话	冯时
	75	地理学史话	杜瑜
	76	儒家史话	孙开泰
	77	法家史话	孙开泰
	78	兵家史话	王晓卫
	79	玄学史话	张齐明
	80	道教史话	王卡
	81	佛教史话	魏道儒
	82	中国基督教史话	王美秀
	83	民间信仰史话	侯杰
	84	训诂学史话	周信炎
	85	帛书史话	陈松长
	86	四书五经史话	黄鸿春
	87	史学史话	谢保成
	88	哲学史话	谷方
	89	方志史话	卫家雄
	90	考古学史话	朱乃诚
	91	物理学史话	王冰
	92	地图史话	朱玲玲

系列名	序号	书名	作者
文学艺术系列（8种）	93	书法史话	朱守道
	94	绘画史话	李福顺
	95	诗歌史话	陶文鹏
	96	散文史话	郑永晓
	97	音韵史话	张惠英
	98	戏曲史话	王卫民
	99	小说史话	周中明　吴家荣
	100	杂技史话	崔乐泉
社会风俗系列（13种）	101	宗族史话	冯尔康　阎爱民
	102	家庭史话	张国刚
	103	婚姻史话	张　涛　项永琴
	104	礼俗史话	王贵民
	105	节俗史话	韩养民　郭兴文
	106	饮食史话	王仁湘
	107	饮茶史话	王仁湘　杨焕新
	108	饮酒史话	袁立泽
	109	服饰史话	赵连赏
	110	体育史话	崔乐泉
	111	养生史话	罗时铭
	112	收藏史话	李雪梅
	113	丧葬史话	张捷夫

系列名	序号	书名	作者	
近代政治史系列（28种）	114	鸦片战争史话	朱谐汉	
	115	太平天国史话	张远鹏	
	116	洋务运动史话	丁贤俊	
	117	甲午战争史话	寇伟	
	118	戊戌维新运动史话	刘悦斌	
	119	义和团史话	卞修跃	
	120	辛亥革命史话	张海鹏	邓红洲
	121	五四运动史话	常丕军	
	122	北洋政府史话	潘荣	魏又行
	123	国民政府史话	郑则民	
	124	十年内战史话	贾维	
	125	中华苏维埃史话	温锐	刘强
	126	西安事变史话	李义彬	
	127	抗日战争史话	荣维木	
	128	陕甘宁边区政府史话	刘东社	刘全娥
	129	解放战争史话	朱宗震	汪朝光
	130	革命根据地史话	马洪武	王明生
	131	中国人民解放军史话	荣维木	
	132	宪政史话	徐辉琪	付建成
	133	工人运动史话	唐玉良	高爱娣
	134	农民运动史话	方之光	龚云
	135	青年运动史话	郭贵儒	
	136	妇女运动史话	刘红	刘光永
	137	土地改革史话	董志凯	陈廷煊
	138	买办史话	潘君祥	顾柏荣
	139	四大家族史话	江绍贞	
	140	汪伪政权史话	闻少华	
	141	伪满洲国史话	齐福霖	

系列名	序号	书名	作者
近代经济生活系列（17种）	142	人口史话	姜 涛
	143	禁烟史话	王宏斌
	144	海关史话	陈霞飞 蔡渭洲
	145	铁路史话	龚 云
	146	矿业史话	纪 辛
	147	航运史话	张后铨
	148	邮政史话	修晓波
	149	金融史话	陈争平
	150	通货膨胀史话	郑起东
	151	外债史话	陈争平
	152	商会史话	虞和平
	153	农业改进史话	章 楷
	154	民族工业发展史话	徐建生
	155	灾荒史话	刘仰东 夏明方
	156	流民史话	池子华
	157	秘密社会史话	刘才赋
	158	旗人史话	刘小萌
近代中外关系系列（13种）	159	西洋器物传入中国史话	隋元芬
	160	中外不平等条约史话	李育民
	161	开埠史话	杜 语
	162	教案史话	夏春涛
	163	中英关系史话	孙 庆

系列名	序号	书名	作者
近代中外关系系列（13种）	164	中法关系史话	葛夫平
	165	中德关系史话	杜继东
	166	中日关系史话	王建朗
	167	中美关系史话	陶文钊
	168	中俄关系史话	薛衔天
	169	中苏关系史话	黄纪莲
	170	华侨史话	陈 民　任贵祥
	171	华工史话	董丛林
近代精神文化系列（18种）	172	政治思想史话	朱志敏
	173	伦理道德史话	马 勇
	174	启蒙思潮史话	彭平一
	175	三民主义史话	贺 渊
	176	社会主义思潮史话	张 武　张艳国　喻承久
	177	无政府主义思潮史话	汤庭芬
	178	教育史话	朱从兵
	179	大学史话	金以林
	180	留学史话	刘志强　张学继
	181	法制史话	李 力
	182	报刊史话	李仲明
	183	出版史话	刘俐娜
	184	科学技术史话	姜 超

系列名	序号	书名	作者
近代精神文化系列（18种）	185	翻译史话	王晓丹
	186	美术史话	龚产兴
	187	音乐史话	梁茂春
	188	电影史话	孙立峰
	189	话剧史话	梁淑安
近代区域文化系列（11种）	190	北京史话	果鸿孝
	191	上海史话	马学强　宋钻友
	192	天津史话	罗澍伟
	193	广州史话	张　磊　张　苹
	194	武汉史话	皮明庥　郑自来
	195	重庆史话	隗瀛涛　沈松平
	196	新疆史话	王建民
	197	西藏史话	徐志民
	198	香港史话	刘蜀永
	199	澳门史话	邓开颂　陆晓敏　杨仁飞
	200	台湾史话	程朝云

《中国史话》主要编辑
出版发行人

总 策 划 谢寿光　王　正
执行策划 杨　群　徐思彦　宋月华
　　　　　　梁艳玲　刘晖春　张国春
统　　筹 黄　丹　宋淑洁
设计总监 孙元明
市场推广 蔡继辉　刘德顺　李丽丽
责任印制 郭　妍　岳　阳